「辞《や》める人《ひと》・ぶら下《さ》がる人《ひと》・潰《つぶ》れる人《ひと》」

さて、どうする？

産業医・経営コンサルタント・MBA

上村紀夫《うえむらのりお》

UEMURA NORIO［Author］

CROSSMEDIA PUBLISHING

◉離職が相次ぎ、採用にも苦戦。慢性的に人手不足
◉みんな、心身ともに疲れが溜まっている。休職者も発生
◉職場の雰囲気が良くなく、人間関係トラブルなども勃発
◉やる気はないが離職もせず、組織にぶら下がっている人がいる
◉「給与や待遇が不公平」「配属に納得できない」など、不満の声が多い
◉通常業務と教育・管理業務の並行で、マネジャー層が疲弊

一つでも当てはまったら要注意！
あなたの組織は〝病〟に侵された状態です。

これら〝組織の病〟は、
業績はもちろん、組織の存続すらも左右する重大な問題。
しかし、いくら施策を打っても対処できず、
手詰まりになっている組織が多いようです。

〝組織の病〟を解消し、「良い人材が健全に定着する組織」を作るために
必要なのは、まず、向き合うべき対象を絞ることです。
本当に注目すべきは次の2つ。

「プラスの感情」ではなく、「マイナスの感情」
「最も優秀な人」ではなく、「ポテンシャルが高い人」

的確にターゲットを絞ってそこだけに注力すれば、
自ずと組織は良くなっていくのです。

はじめに

「組織の病」

こう聞いてみなさんは何を思い浮かべるでしょうか。

本書を手に取っていただいたあなたは少なからず、今何かしらの組織課題に頭を悩ませていたり、ご自身や身近な人が課題に直面しているのではないでしょうか。

例えば、**「辞める人」「ぶら下がる人」「潰れる人」が増加している、**といった課題です。

私は経営コンサルタント・産業医として長年活動をしていますが、〝今、多くの組織が病んでいる〟――そう感じています。その病は時代の変化とともに、ここ数年で複雑さを増しており、ただ単に「何か施策を打ったらすぐに解決する」といったシンプルな話ではなくなってきています。

組織が病んでいると言っても、本書で扱うのは身体の不調やメンタルヘルスの話だけではありません。社員・チームの生産性やモチベーションの低下、職場の雰囲気の悪さ、採用の苦戦、離職など、本書を読んでいるあなたがまさに今感じている課題、それらすべてが〝組織の病〟です。

私は、組織の中でこれらの病に広く侵されている箇所を、『組織の病巣』と表現しています。では、組織の病巣の背景（原因）にあるものは何でしょうか？ 過重労働でしょうか。人間関係の悪化でしょうか。

いいえ、それらは課題であり、原因ではありません。

私は、これまで千を超える企業と向き合い、数千の課題（以下、組織の病巣）の特定とその取り除きを行ってきました。その活動の中で、気づいたことがあります。**業種や業態等により、組織の病巣はそれぞれ異なるものの、それらを生み出す原因は共通している**のです。

共通する原因となるものは何か、それは**「マイナス感情の蓄積」**です。マイナス感情とは、端的に言えば「不満や不公平感」です。

今、こう思いませんでしたか？ 「不満や不公平感があるから組織課題が生まれるなんて当たり前の話じゃないか」、と。では聞きます。

「なぜ、不満や不公平感が生まれるのでしょうか？」

このメカニズムを正確に理解しているでしょうか。この問題には表面的な理解では説明できない、私たち人間の心、〝心理〟が深く関与しています。ここが理解できなければ、組織の病巣は取り除けない、取り除けたとしても表面的な解決になることを断言します。

とはいえ、ただでさえ日々の業務で忙しいのに、他人の心理まで踏み込んで理解している余裕はない——それが多くの方の実情かもしれません。

しかし、安心してください。

本書では、『組織の病巣』を最も効率よく取り除くための**「ターゲティング戦略」**＝**「対応すべきターゲットを絞ることで、効率よく組織課題を解決する方法」**をご紹介します。

マイナス感情の発生メカニズムを理解したうえでこれに取り組めば、あなたの組織を侵す病巣を最小限の力で取り除くことができます。

本書では、

①産業医として直接面談することで得られた、３００００人を超える「社員の声」
②年間１０００以上の組織への従業員意識調査から得られた「定量的データ分析」
③これまでご縁をいただいた経営者や人事担当者、管理職とのディスカッションの中で得られた「組織管理者の声」

これら3つを主な情報源としたうえで、経営学・医学・心理学の専門知識に基づき、すべての病巣の原因である「マイナス感情」を徹底解剖します。
「マイナス感情がウイルスのように発生・蓄積・伝染していく過程」を明らかにし、そのうえで、「効率よく病巣を取り除き、そこで働く人と組織を活性化するための戦略」を伝授していきます。

会社を良くしたい、と切実に思う経営者や人事担当者は、

◉今起こっている組織課題の原因が何かを探りつつ、
◉なぜ社員のことを思って行った施策がうまくいかないのか、
◉離職や職場の雰囲気悪化など、「手の打ちようがない＝手詰まり感」のある課題に対しど

のようなアプローチが有効なのか

その方向性を模索しながらこの本を読んでいただければ幸いです。

チームに活き活きとした雰囲気をもたらして生産性を上げたい、と思っているマネジャー・チームリーダーは、

◉なぜ気になる部下・メンバーのモチベーションが下がっているのか、
◉育てている途中で離職していくのか、
◉メンタル不調になっていくのか

その過程をこの本で知り、早期発見および早期予防につなげてください。

そして、自分や身近な人のココロが組織から離れていることを感じている人は、

◉なぜそのように思っているのか、ココロの動きを把握し、

◉現状の働き方の見直し・分析や、後のキャリア構築
に役立ててください。

本書では、私が「組織の病巣を見抜くプロ」として、そして「ココロを扱う産業医」のパイオニアとして活動してきた中で蓄積されたナレッジとノウハウを、余すことなく公開しています。

より多くの人、多くの組織が活躍できる社会の実現につながれば幸いです。

序章

なぜ、組織は「病んでいく」のか？

第1章

マイナス感情の感染メカニズム

第2章

マイナス感情の発症メカニズム

第3章 マイナス感情の伝染メカニズム

第4章

組織活性化のための「ターゲティング戦略」

第5章 組織活性化のための「正しいデータ活用法」

終章

「社員を幸せに」する前にやるべきこと

序章

なぜ、組織は「病んでいく」のか？

与える会社・離れる社員

多くの組織が「人手不足」という病に悩んでいる

以前と比べて、離職する人が増えていませんか？
メンタル不調による休職や退職への歯止めが効かず、悩んでいませんか？
優秀な人がどんどん離職する一方で、やる気のない社員（ぶら下がり社員）が定着していませんか？
私は経営コンサルタントや産業医として、企業の経営者や人事担当者とお話しする機会が多くあります。以前はその会話の中で「採用」「教育」「業務負荷軽減」というキーワードが多く使われていましたが、この5年ほどは「離職」「メンタル不調」「ぶら下がり」といったキーワードの登場頻度が急激に上がっていることを感じます。特に「離職」はホットワードで、月に1回以上は、「また人が辞める」「特定の部署で離職が連鎖している」……こうした悩みを聞きます。

なぜそのような傾向がみられるようになったのでしょうか。

主な背景には、**労働人口の減少**が潜んでいると考えます。ご存知の通り、少子高齢化などの影響により、日本の労働人口は２０４０年までに約20％減少すると予測されています。

そのうえで、今多くの会社は**「人がいないこと」**に悩みを抱えています。経営者の興味の中心も離職です。定着戦略を考えるよう指示された人事担当者、離職にナーバスになっているマネジャー・チームリーダーは、まさに頷きながら読んでいただけているのではないでしょうか。

多くの経営者が離職を気にする理由は、

◉新たな人材にかかるコスト（採用・教育）

◉人材不足による組織全体の生産性低下

などさまざまありますが、最も気になるのは、

◉**経営継続に欠かせないリソースである人材が保てないこと**

ではないでしょうか。離職が組織に与える悪影響は計り知れません。

採用は難しく、離職は容易になった日本

現在はまさに「売り手市場」の状況。企業はいざ採用活動をしても、なかなか優秀な人材が集まりづらく、一方で、従業員にとっては転職のハードルが低くなっています。ちょっとした不満が出ると離職という選択をする（できる）社員が増えているのです。

さらに、終身雇用の概念は崩壊し、一つの会社で一生働き続ける人は今後ますます減っていくことが予想されます。

また、今後は「雇用類似の働き方」いわゆるフリーランス化が加速。個人は、一つの会社で働く従来通りの「従業員」と、会社と「契約」をして働く「非従業員」に二分化していくことが予想されます。そして、会社は「従業員と非従業員が混在するプラットフォーム」になる可能性が高まっており、日本の働き方は大きく変わろうとしています。

組織の病巣が複雑化している理由とは、まさに、**これまで通り「潤沢に人的リソースがある」という前提での業務遂行が難しくなり、企業成長に必要な人員の確保自体が難しく**

なってきたことであると言えます。

「入口」である採用が難しくなったこと、および「出口」である離職への抵抗が減って転職しやすくなったこと、この2つが関係しているのは明らかです。

会社としては社員が確保できなくなるのは困るので、不満を減らすための施策を考えて実行します。しかし、その施策が社員のココロになぜか響かない……そう感じている方もいるのではないでしょうか。

◉フレックスタイム制の導入
◉特別休暇の付与・取得促進
◉ノー残業デーの設定
◉コミュニケーションイベントの企画
◉在宅勤務制度の導入
◉フリードリンクや朝ごはんの提供

など、会社は社員のためを思ってさまざまな施策を行っています。

しかしながら、社員は大してそうした施策に喜んでくれていない、空振り感を抱いたことはないでしょうか。

なぜ社員のことを思って行う施策がうまくいかないのか？　一体どうしたら不満を防ぎ、離職を食い止めることができるのか？

表面的な課題ではなく、社員のココロが会社から遠ざかる要因を根本的に理解しなければ、これらの「病んでいる」状態からは抜け出せません。これからも離職やモチベーション低下の問題に悩み続けることになります。

組織の病が改善されない2つの原因

施策を打っているにもかかわらず、組織の「病巣」が除去できていない組織には、大きく分けて2つの原因が考えられます。

①組織が病んでいくそもそものメカニズムを理解できていない

②組織の「病巣」を切除する方法が間違っている

組織の病巣の背景には、どんな因子が絡んでいるのか。どのような流れで組織に病巣ができていくのか。そのメカニズムを把握せずに施策を打つことは、病院の手術に例えると、**「CTやMRIといった〝事前検査による病巣の把握〟や〝手術方式の確認〟をせずに、なんとなくメスを握り手術をしてしまう」**のと同じくらい危険なことです。

また、仮に病巣が特定できたとしても、正しい切除方法を知らずに間違った手術をしてしまうと、出血多量などの重篤な状況を生み出し、死に至る可能性もあります。会社に置き換えると、**「組織のココロ、個人のココロに大きなダメージを与え、組織活性は低下し、人は抜け、組織成長が途切れてしまう」**ことになります。

これまで私は「病んでいる」組織を多く診断してきましたが、その多くのケースで、①でいう事前検査ができておらず、②でいう切除方法も間違っている、という両方の問題を抱えていました。

よくあるパターンとしては、「病巣となっている課題を設定すらせず↓『最近流行っている人事施策をやればなんとかなるんじゃないか』という、楽観的なのか、もしくは思考放棄なのか、悪い意味で『思い切りのいい決断』で施策を行い↓何もプラスの結果を生み出さないどころか、社員の不満を余計に生み出し↓社員のココロが組織からますます離れて離職者が増えた、もしくはモチベーションの低い社員が増えてしまった→結果コストだけかかった」というものです。

組織の課題をどうにかしたいと手を打つ際には、その課題の表面的な部分だけに着目するのではなく、**①組織が病んでいくそもそものメカニズムを理解し、②組織の「病巣」を切除する方法を定めていく、この2つのフローを着実にこなすことが一番の近道**と言えます。

組織が病んでいくメカニズム

ポイントは「マイナス感情」

「①組織が病んでいくそもそものメカニズム」について説明します。

組織はどのように病んでいくのか。そのカギは「マイナス感情」にあります。そもそも、

マイナス感情とは?

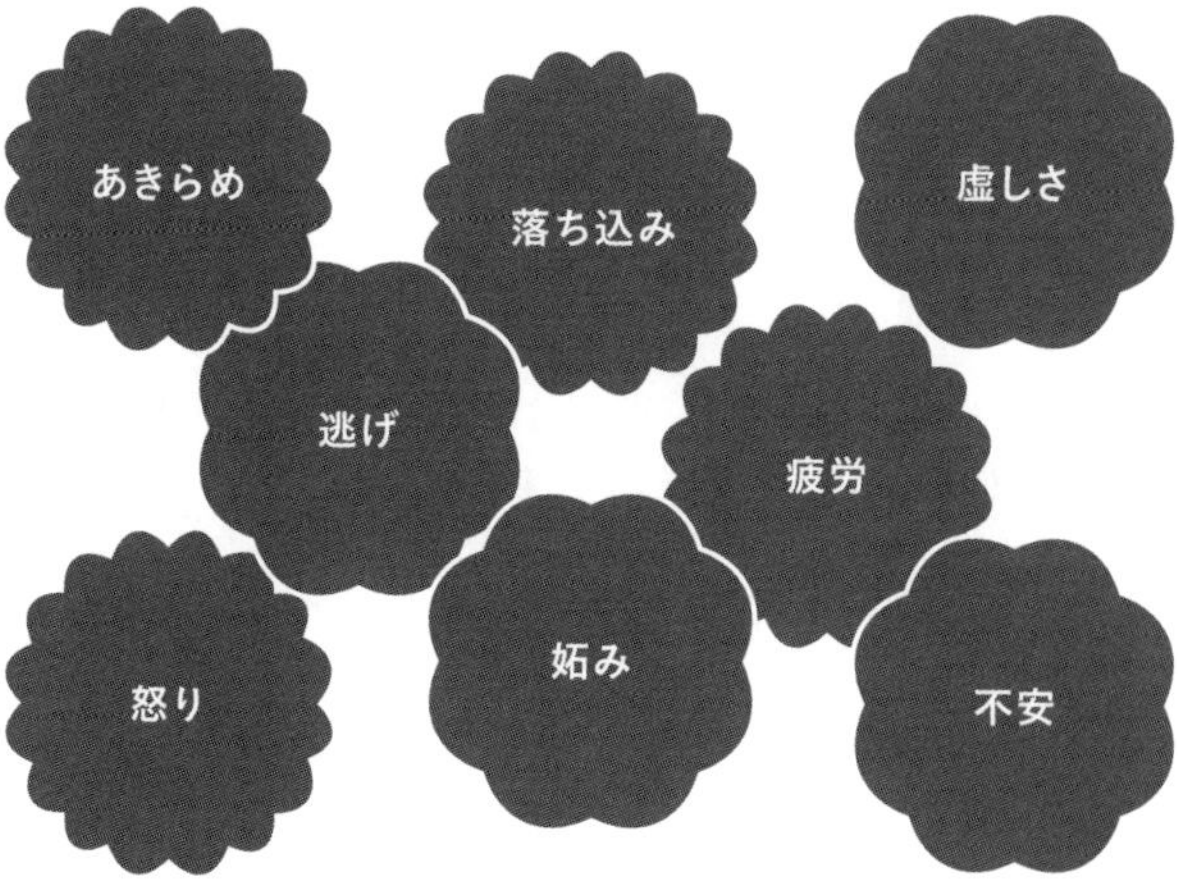

マイナス感情とは一体なんなのでしょうか?

マイナス感情は、**多くの人が経験しているネガティブな感情**を指します。「あきらめ」「落ち込み」「疲労」「不安」「虚しさ」「妬み」「怒り」「逃げ」といったように、あまり表に出ない感情もあれば、ちょっとしたことで爆発する感情もあり、さまざまです。

感情には、マイナス感情と対極の「プラス感情」もあります。「喜び」「達成感」「満足感」「幸福感」などです。「プラスもあってマイナスもあるのだから、最終的にはプラマイゼロになるんじゃないか」と思うかもしれませんが、違います。

マイナス感情とプラス感情では、人のココロに与える影響が大きく異なる。ここに組織が病んでいくメカニズムを見るうえでのキーが隠されています。

現実に私たちが直面する感情は、マイナス感情のほうが強烈であり、さまざまな影響を長期にわたって及ぼします。

最もわかりやすい例は、昇給や減給です。これまでの社会人経験で一度は昇給を経験したことがあると思いますが、その時の「喜び」いつまで続きましたか？「給与が上がって嬉しい！やる気も上がったし絶好調」と思えたのは、数日ではなかったでしょうか。大抵の場合しばらくするとその金額が「当たり前」に変わり、「嬉しい」といったプラス感情は持続することはありません。

その一方で、減給された場合には悔しさ、怒り、虚しさなどのマイナス感情が引き起こされ、その気持ちは数か月経った後でもしっかりと残ってしまいます。なかなか減給の機会が自分事としてイメージしづらい方は、「同期と自分の給与に大きな差があったら」に当てはめて考えてみてください。もし自分が同期の特定の誰かよりも仕事ができる（と思っている）のに、給与が低いことがわかったら、不公平感と虚しさが湧き出てきて会社に対して不満を持つのではないでしょうか。

プラスを生み出す施策はすぐ「当たり前」化する

プラス感情を生み出す施策は、いろいろあります。ノー残業デーや、リモートワーク、フレックス制の導入など、「働きやすさ」を実現するための施策の多くが一時的なプラス感情を生み出します。が、その喜びは一時的で、むしろ与えられていることは早い段階で「当たり前」に変わり、中長期的にはプラス感情は生み出さず、むしろそれが失われた際のマイナス感情のほうが大きくなってしまいます。

それでも多くの企業がプラス感情を生み出す施策を実施しています。なぜでしょうか。

答えはシンプルで、**マイナス感情を解消する施策より、何かを足す施策を導入するほうが手っ取り早く、かつ〝時代の流れに乗れている感〟を経営・人事層は持つことができるため**です。これでは、マイナス感情に蓋をして、プラス感情につながる施策を上に乗っけているだけとなり、一時しのぎの施策にすぎません。中長期的に考えると、マイナス感情はまるで除去できていません。よって、「あきらめ」「疲労」「怒り」といった、さまざまなマイナス感情がちょっとした引き金で爆発しかねない状況、まるで、噴火寸前のマグマを一所懸命抑え込んでいる状態になっているのです。

マイナス感情が強いとプラス感情は生まれづらい

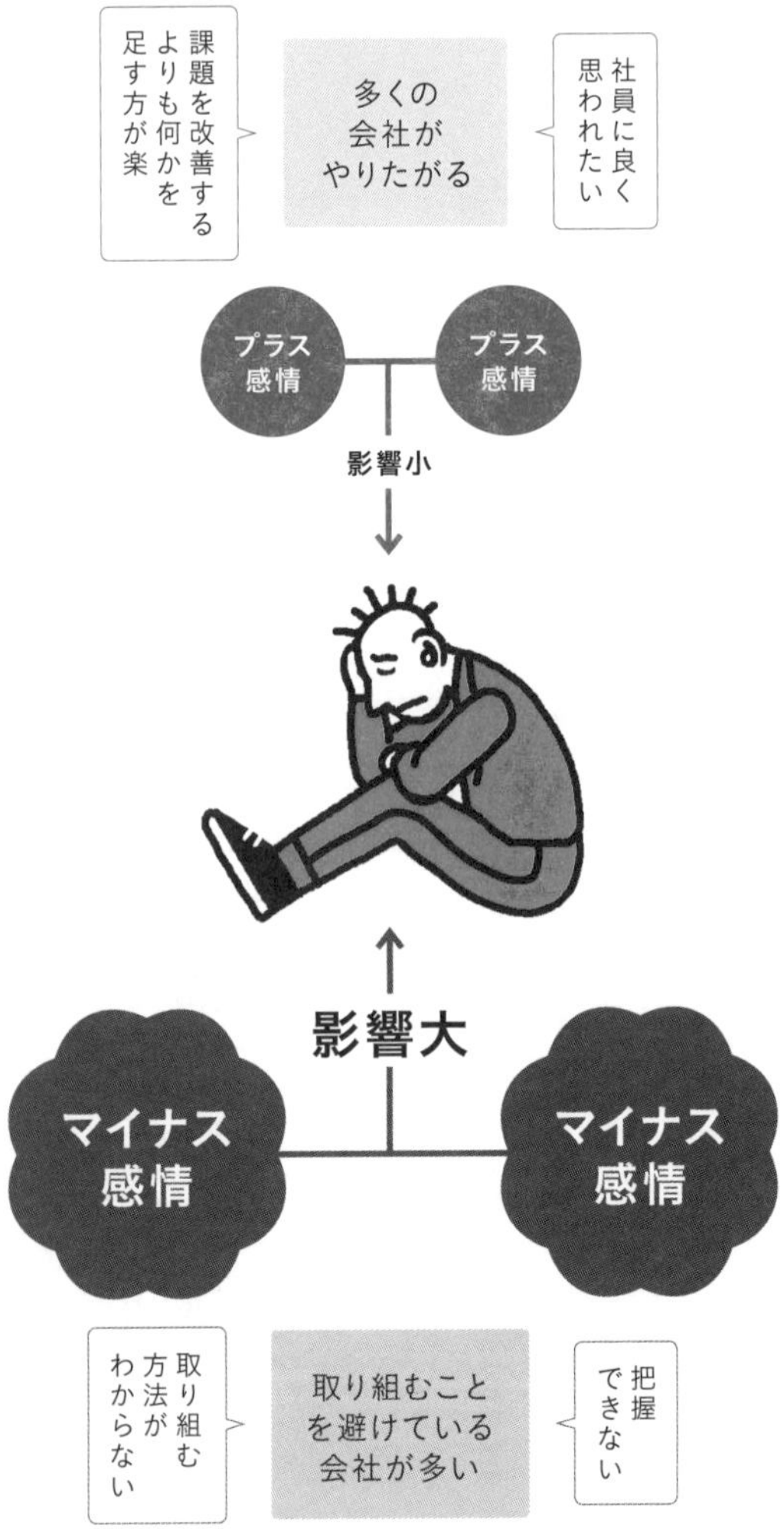
課題を改善するよりも何かを足す方が楽
多くの会社がやりたがる
社員に良く思われたい
プラス感情
プラス感情
影響小
影響大
マイナス感情
マイナス感情
取り組む方法がわからない
取り組むことを避けている会社が多い
把握できない

マイナス感情は組織全体に広がっていく

マイナス感情の恐ろしいところは、個人レベルで蓄積するだけでなく、組織全体にも蓄積していくところです。そのメカニズムをわかりやすくするために、インフルエンザ感染が広がっていく様子に例えて説明します。

インフルエンザはインフルエンザウイルスの感染によって引き起こされる感染症です。感染すると発熱や頭痛、悪寒、関節痛などの症状が起こりますが、そこに至るまでのメカニズムは、次の通りです。

① ウイルスが鼻や喉の粘膜に付着して体内に入る
② 体内でウイルスが増殖し、さまざまな症状を引き起こす
③ 咳やくしゃみなどで、そのウイルスが他の人に感染する

①＝「感染」、②＝「発症」、③＝「伝染」となります。

マイナス感情の蓄積も同じようなメカニズムとなります。

①個人のココロにマイナス感情が生まれる（感染）
②マイナス感情が蓄積し、離職やメンタル不調などの症状が出る（発症）
③周りのメンバーに影響し、組織全体にマイナス感情が蓄積する（伝染）

マイナス感情が蓄積し組織に広く伝染した状態のことを、私は「病巣」と呼んでいます。インフルエンザで集団感染や学級閉鎖が起こるのと同じように、マイナス感情が「病巣」の状態になると、組織内で離職やメンタル不調の続発、組織の不活性化が起こるようになります。会社としての対応を行うのは、多くの場合、すでに「伝染」の状態になってからになると思われますが、伝染が起きる時点で、マイナス感情はかなり蓄積しています。

そして注意すべきは、マイナス感情はインフルエンザとは異なり、時間が経っても自然には治らないことです。インフルエンザは大きなトラブルが起こらなければ発症から5日ほどで落ち着きますが、**マイナス感情の蓄積は自然には解消せず、何もせず放置すればむしろ増幅します。**そういう点では、マイナス感情の蓄積は、インフルエンザと同じような感染力を持ちつつ、治りづらいという、対処の難しい「病」と言えます。

マイナス感情が発生し蓄積していくメカニズムについては、この後の第1章〜3章にて詳細に説明します。

対策を間違えることが命取りになる

〝みんなを救う施策〟は誰も救わない

マイナス感情が蓄積し病巣化した状態を、どのようにすれば解消できるのでしょうか？

組織の問題点を分析していくと、部署や職位、男女などで課題が異なることがよくあります。なぜならば、**置かれている状況が変われば、抱える悩み、つまり、抱えるマイナス感情が異なる**からです。

例えば、新人とベテランを例に考えてみましょう。入社して数か月の新人は覚えなければならない業務に悪戦苦闘している一方で、入社5年以上のベテラン社員は毎日同じ業務の繰り返しに飽きて転職を考えている、ということもあります。

また、部署の違いを例に考えてみましょう。営業部は業務繁忙でワークライフバランスへの不満が高い一方で、管理部ではワークライフバランスは良好だが人事評価が不明確であることにストレスを抱えている、ということもよく起きています。

つまり、状況によって抱えるマイナス感情は異なります。

それにもかかわらず、多くの会社が、全社員を対象とした施策を行おうと考え、かつ、いわゆる〝手段〟を考えることのみに思考が偏ってしまっています。**「誰の」「どのような課題に対して」といった考えるべきプロセス（＝ターゲティング）をすっ飛ばして、闇雲に施策を行っている**状態です。

これでは、〝全社員を救おうとした結果、誰も救えない〟という最悪の状態に陥ってしまっても不思議ではありません。

組織改革の基本「WHO」「WHAT」「HOW」

組織が抱える課題を本気で解決するための施策には、必ず3つのカテゴリーを設定する必要があると私は考えています。

◉WHO（誰に向けた施策なのか）

一つ目はＷＨＯです。つまり「誰に向けた施策なのか？」を明らかにすることです。優先的に、「誰の」または「どの層の」マイナス感情の蓄積を減らすためのアプローチを行うのか、しっかりと戦略的に設定することで、〝当たり障りのない（ゆえに、効果の薄い）施策〟と化すことを防ぐことができます。

◉WHAT（どの課題にアプローチしたいのか）

二つ目はＷＨＡＴです。課題は常に一つとは限りません。複数同時に発生している課題に対して、優先順位を付けていくアプローチが必要になってきます。

◉HOW（どのようにアプローチするか）

三つ目はＨＯＷです。一時的なプラス感情を生み出すための手っ取り早い施策に頼らず、しっかりとマイナス感情と向き合ったうえで、施策を行っていく、それが組織の病巣を取り除くための近道です。

このＷＨＯとＷＨＡＴを明確に設定することが、「ターゲティング戦略」の基本です。

多くの会社で施策が裏目に出たり、手詰まり感を感じてしまう一因として、ＨＯＷへの偏重があるのではないでしょうか。「誰の（ＷＨＯ）」と「どの課題に対して（ＷＨＡＴ）」の設定がしっかりとできておらず、結果として当たり障りのない最大公約数的な施策を打ってしまったり、他の会社が導入してうまくいったとされる施策をそのまま導入しようとしたり、目新しい施策に飛びついたりしてしまう。それにより、従業員みんなを幸せにするどころか、誰一人のマイナス感情も減らすことができないという結果になっているように感じます。

手段（ＨＯＷ）ばかり追いかけるだけでは、望ましい結果を得ることはできません。

会社が従業員のことを思って一所懸命考えて実行した施策が空ぶる、つまり「与える会社と離れる社員」という現象には、ＨＯＷへの偏重が大きく関係していると考えます。

「離職が止まらない」「メンタル不調者が増えている」「社員のやる気が下がっている」こんな症状があなたの組織に出ていたら要注意。

課題（病巣）がどんどん大きくなってきている可能性があります。

まずは、どのような施策を打つかを考える前に、なぜそのような状況になってしまったのか、そのうえで今後どんなアクションをしていくべきなのか、本書を通じて一緒に考えていけると幸いです。

本書の構成

第1部（第1・2・3章）では、個人のココロと組織のココロを「解剖」し、解き明かしていきます。なぜ、私たち個人のココロの中で「あきらめ」「疲労」「怒り」といった〝マイナス感情〟が生まれるのか？　そのマイナス感情が蓄積した場合、どんな症状が出てくるのか？　そして、最終的にどのように『組織の病巣』形成に繋がっていくのか？　そのメカニズムを詳しく解説します。

第2部（第4・5章）では、『組織の病巣』を取り除く方法に着目。マイナス感情が蓄積し、病んでいる組織を救うための施策として、「ターゲティング戦略」を提示します。今回は離職を例に戦略の説明をしています。離職に悩んでいて今すぐ解決策を知りたい！という方は、第2部から読んでいただいても構いませんが、第1部からじっくり読んでメカニズムを理解いただくと、施策の効果も2割増し間違いなしです。

抱えている課題と照らし合わせながら、読み進めていただければと思います。

序章のまとめ

- 「①組織が病んでいくメカニズムを理解」し、「②組織の病巣を切除する方法を定め」て、着実に対処していくことが、課題解決の一番の近道。
- 組織の病巣にはマイナス感情が深く関与している。その感情は人のココロに長期的に影響を与えることから、まずはメカニズムを知ることが必要（①）。
- 個人のココロに生まれたマイナス感情は蓄積され、離職やメンタル不調につながる。さらに周りのメンバーにも影響を及ぼし、やがて組織全体にマイナス感情が蓄積していく。
- 何にマイナス感情を抱くかは部署や職位、個人的背景などさまざまな要因に左右されるため、幅広い対象をカバーした施策は、全員に対して有効的に機能しない。
- 組織の病巣は、闇雲に施策を打っても切除が難しい。「誰の（ＷＨＯ）」「どの課題に対して（ＷＨＡＴ）」の設定をするか否かが施策の効果を左右する（②）。

第1章

マイナス感情の感染メカニズム

マイナス感情はなぜ発生するのか

会社と社員の間にある溝

あなたの身近にある組織では、こんなことが起きていませんか？

◉残業時間削減の取り組みをしたら、現場から不平不満が出てきた
◉フレックス制度を導入したら、社員のやる気が下がってしまった
◉結果を出した社員をマネジャーに昇格させたら、離職してしまった
◉１on１面談を導入したが、効果が見られず管理職の負担だけが増えた

こんなとき、経営者や人事は、「社員のために、ここまでしているのに、なぜわかってく

会社と社員の間にある溝

社員のために…
余計なことしないでほしい
欲しいのはこれじゃない…
会社は何もわかってない

れないんだ」といった虚しさや手詰まり感を持つかもしれません。一方で、社員も、「どうして会社は、こんな余計なものばかり推進するんだろう」「どうして現場の気持ちをわかってくれないんだろう」といった、不満や不安を感じているかもしれません。

すべては「良かれ」と思って会社が社員のために行ったことなのですが、ことごとく裏目に出ている、そんな感覚はないでしょうか。この感覚を、「個人の問題はどうしようもない」「会社は精一杯良くしようと行動しているからいつかきっと結果につながる」としてスルーするのは危険です。良かれと思って行ったことの空振り……その積み重ねが、組織の将来に暗い影を落とす可能性があります。

では、良かれと思って取り入れた施策が、社員にとっては喜ばしくないものとして認識される――この**お互いに「わかり合えない」状況**を、どのように改善していくべきでしょうか。

必要なのは、**組織内の『マイナス感情』と向き合う**ことです。活気を失う原因である『マイナス感情』の発生メカニズムを知り、どこに問題が起こっているのかを把握し、的確な対応をしていくことです。会社が「社員はこう考えているだろう」と想定している社員の気持ちと、社員の本当の気持ちにズレが生じたときに、両者の間には深い溝が生まれます。だからこそ、しっかりと社員のココロを理解していくことが求められます。

問題は求めるものと与えるものの〝差〟

では、私たち個人が抱える、「あきらめ」「落ち込み」「疲労」「不安」「虚しさ」「妬み」「怒り」といったマイナス感情は、どのように発生するのか、考えてみましょう。マイナス感情を生み出す原因はさまざまあります。

マイナス感情はなぜ発生する？

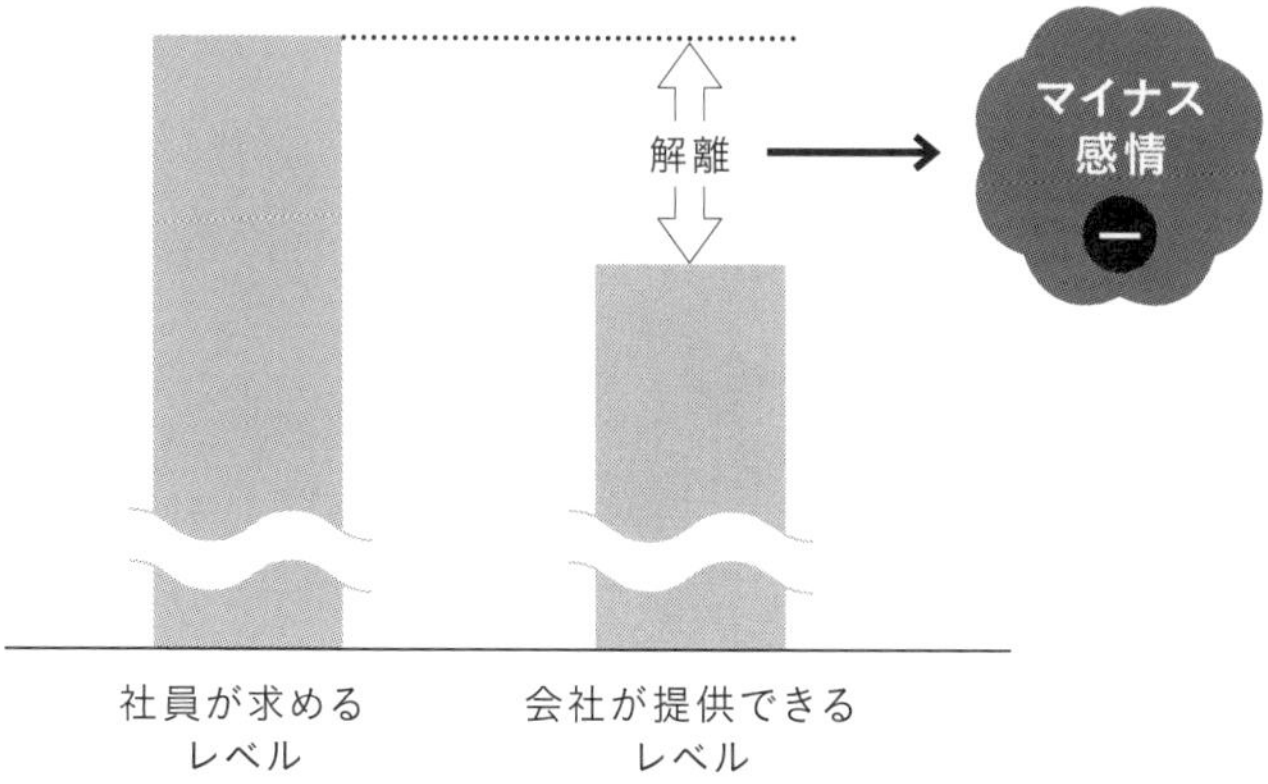

給与・業務環境・やりがいなど

例えば、わかりやすいのは給与の金額ではないでしょうか。

突然ですが、質問です。「あなたは、今の仕事の対価としていくらほしいですか？」30万円でしょうか、45万円でしょうか。この〝いくらほしいか〟はその人が行っている業務、その人自身の感覚で変わってきます。

会社に求める対価が「30万」であったとして、実際に会社から得られる対価が「26万」だとしたら、その差の「4万」こそがマイナス感情発生の要因となります。「もっと貰えてもいいのに」といった不公平感、「給料、今年も上がらなかった」といった虚しさ、こうした感情それこそがマイナス感情です。

「給与はこれぐらい欲しい」
「仕事の量や時間は、これぐらいがちょうどいい」
「職場環境は静かで集中できるほうがいい」
「雑談が多くて和気あいあいとした職場環境がいい」

誰もが会社や職場環境に何かを求めて仕事をしています。具体的に求めるものがある人もいれば、漠然と求めるものがある人もいます。何を求めるかは、その人が置かれている環境、これまで育った中での価値観、性格によっても異なってきます。

このように、マイナス感情の発生には、私たち個人が「仕事・職場に何を求めているか」が深く関与しています。

ただ現実には、何もかも社員の望み通りとはいきません。社員が求めるものよりも、会社が与えているものが少ないことがあります。反対に、社員が求める以上のものを、会社が与えていることもあります。つまり、**社員が求めるものと、会社が与えられるレベルの〝差〟がマイナス感情発生の要因**なのです。

誰かにとってのプラスは誰かにとってのマイナスになりうる

マイナス感情の発生を防ぐには、社員が求めるものと、会社が与えられるレベルの〝差〟を埋めていくことが必要です。

ここまで読んで「その〝差〟をすべてお望み通りに埋めるのは無理だろう」と思った方も多いのではないでしょうか。その通りで、すべての〝差〟を満たすのは無理です。なぜならば、**マイナス感情は人によって感じ方が異なる**からです。

「会社が個人に提供するもの」と「個人が会社に求めるもの」には、必ずギャップが存在します。そして「個人が会社に求めるもの」には個人差があります。

先ほどのお金の例で考えてみましょう。「この仕事と自分のパフォーマンスなら30万はほしい」と思っていたAさんに、実際に支払われている対価が「26万」であれば、この「4万」の差はマイナス感情の発生要因です。では、同じ部署にいるBさんはいくらほしいと感じているでしょうか。Bさんは、「実家暮らしだし24万くらいあれば良い」と思っていた場合、実際に支払われている対価が「26万」であれば差はないどころか、Bさんの求め

人によって捉え方が異なる

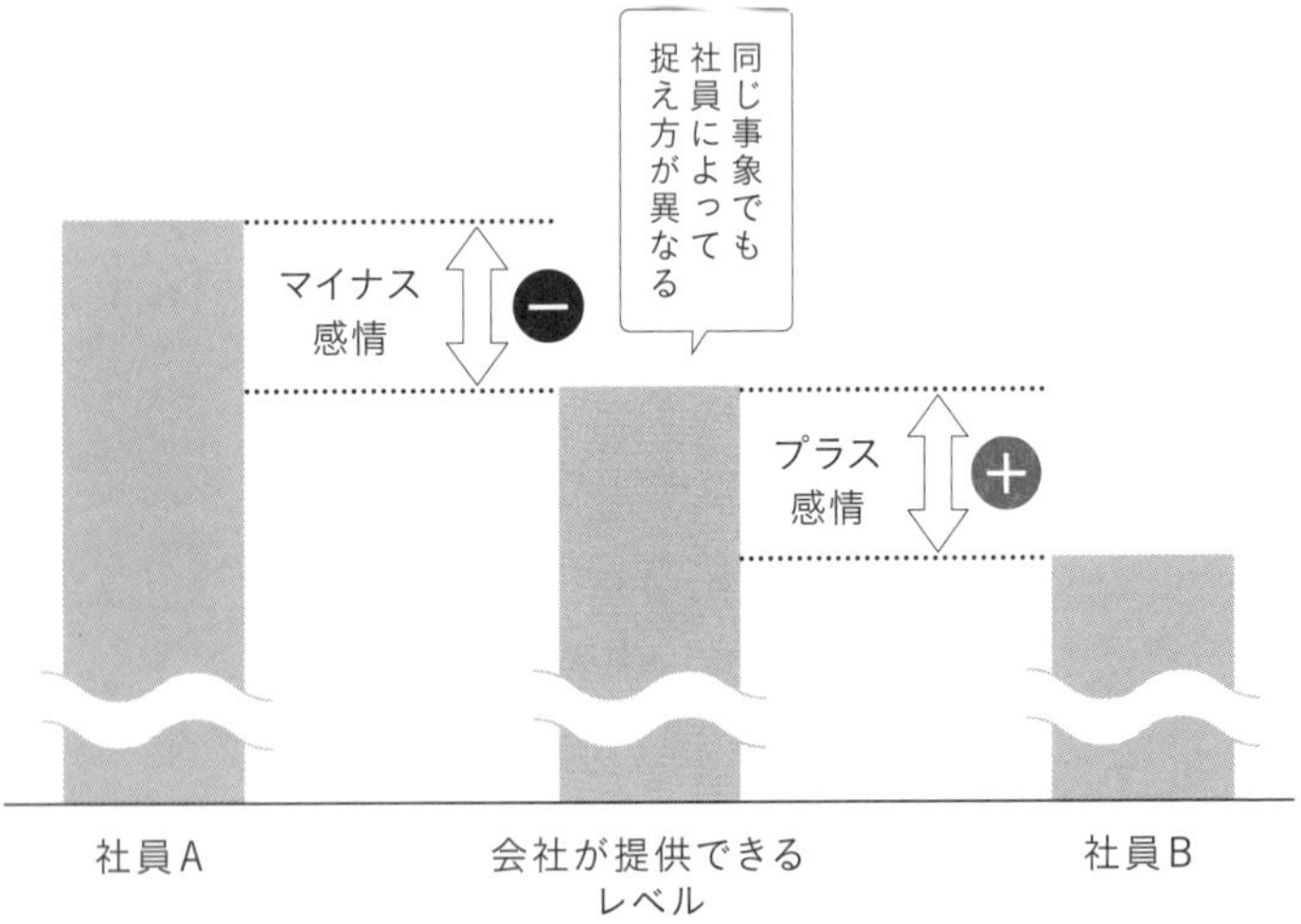

るレベル以上の対価となり、その「2万」の差が、Bさんにとっては嬉しい＝プラス感情につながります。

人の価値観はそれぞれです。また、社会情勢や個々の人生のステージで価値観は変化します。独身の場合、家族がいる場合、育児、介護、さらに自身の健康などバックグラウンドに応じて、価値観は変化します。

そして、**感情は価値観に大きく左右されます。**結果、例え同じ仕事をしていたとしても、同じ年齢であったとしても、会社が提供するものが個人の「プラス感情」に結びつくこともあれば、「マイナス感情」を発生させてしまうこともあるのです。

変化していく「労働価値」

働く理由＝労働価値は人それぞれ

感情は価値観に大きく左右されるとお話ししました。この価値観、特に「労働」への価値観について掘り下げていきましょう。

突然の質問ですが、「あなたは仕事に何を求めていますか？」「あなたが働く理由はなんですか？」こう聞かれたときに、「お金」と答える人もいれば、「誰かの役に立てること」と答える人もいるでしょう。

この、仕事をするうえで会社に求めるもの、働く理由、大切にしたいこと、これこそが**労働価値**といわれるものです。ちなみに本書では「労働価値」と呼びますが、「労働価値観」と表現している研究もあります。

どのような労働価値をもっているかによって、仕事に関するさまざまな事象に対し、プラス感情を抱くか、マイナス感情を抱くかが変わってきます。

では、労働価値にはどんなものがあるのか具体的に考えてみましょう。

有名な例として、米国の心理学者でキャリア研究者でもあるドナルド・E・スーパーの『14の労働価値』（仕事の重要性研究、Work Importance Study）を48ページの図にまとめました。時代によって労働価値は変わることから、この14の労働価値が現代にピッタリと当てはまるかはわかりませんが、あなたが大切にしている労働価値に近いものはあったのではないでしょうか。

余談ですが、私は14の労働価値でいうと、「愛他性」「達成」「社会的交流性」を重要視しています。多くの会社や従業員と接点をもって学ばせていただき、そこで得た知識や経験を他者へ還元することで、最終的に活き活きと働く人を増やすこと。これが私の労働価値です。

なお、この14の労働価値は、実際にマイナス感情を取り除くための施策に取り入れるにはやや抽象度が高いため、「労働価値が人それぞれであることを理解していただくための一例」とお考えください。

人によって感じ方が違うのは当たり前

仕事に何を求めるか？

||

労働価値

価値観・性格・キャリア・環境などによって異なる

14の労働価値

労働価値	内容
能力活用	自分の能力を発揮できること
達成	良い結果が出せた！という実感を得ること
美的追求	美しいものを作り出すことができること
愛他性	人や社会の役に立てること
自律性	他の命令や束縛を受けずに自分で仕事ができること
創造性	新しいものを生み出すことができること
経済的報酬	お金をたくさん稼ぐことができること
ライフスタイル	自分が望むような生活が送れること
身体的活動	身体を動かす機会が持てること
社会的評価	世間／社会に自分の仕事の成果を認めてもらえること
冒険性	わくわくするような仕事ができること
社会的交流性	さまざまな人々と接点をもって仕事ができること
多様性	いろいろな活動／仕事ができること
環境	業務の環境が心地よいこと

時代で変わる労働価値

労働価値は人それぞれとお話ししましたが、では、個々人がもつ労働価値は一生同じでしょうか？　もし労働価値が何らかの理由で変化するとしたら、どんな影響を受けるのか掘り下げていきましょう。

労働価値はつねに変化していきます。スピードが速く、いつ何が起きるかわからない現代において、日本社会のみならず世界を視野に入れたときには、特に意識が必要です。注意深く現状を把握していかなければ、間違った施策の選択につながりかねません。

労働価値の変化の仕方には、マクロシフトとミクロシフトの2種類があります。

- **マクロシフト：**社会情勢によって起こる大きな労働価値の変化
- **ミクロシフト：**個人の局所的要因による労働価値の変化

マクロシフトは、**社会情勢による大きな労働価値の変化**です。

労働人口減少、産業シフト、外国人労働者、働き方改革、ＡＩやＲＰＡなども要因となります。会社側の要因として、日本型家族的経営の減少、在宅勤務導入などもあるでしょう。そのほかバブル、リーマンショック、就職氷河期など、時代の変化が影響してきます。加えて、生活スタイル要因として核家族化、少子化といった日常の変化があります。

世代間価値観のギャップも時代による労働価値変化の一つです。

「昭和世代の考え」とか「平成世代の考え」といった言い方や、「バブル世代」「ミレニアム世代」などと私たちは頻繁に使っていますが、そこには世代による労働価値の違いが隠されています。「最近の若手は……」なんてつい思ったりしていませんか？　あるいは、「今どきはこうでしょう」と、つい古い考えに抵抗感を覚えていませんか？　私たちは生まれてからこれまでの人生経験を通じて、自分のモノサシを持っており、自分の中でできあがった価値観に応じて物事を捉えています。

例えば団塊の世代と言われる層は、生きていくためにどのようにして多くの金銭的報酬を得るかにこだわり、その結果として得られたモノ（家や車、アクセサリーなど）や食事を得ることを誇りに思う、という時代でした。つまり多くの社員が「経済的報酬」を労働価値として優先していたということになります。

最近の若手が何を思って仕事しているのかわからない…

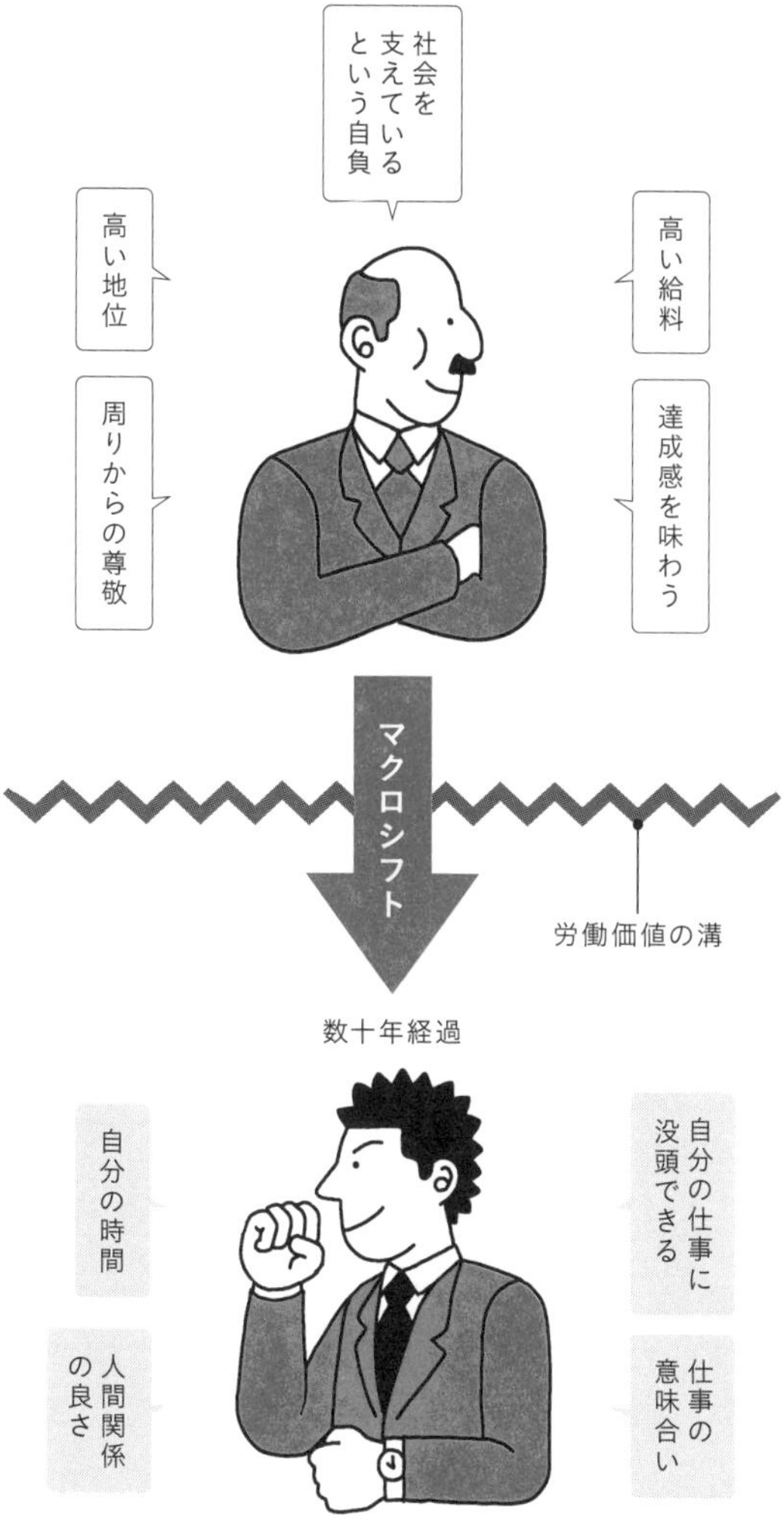

その一方、最近は豊かになった影響で、生きるために稼ぐという感覚は薄らいできました。マズローの欲求階層説で言うところの生理的欲求や安全欲求が満たされた結果、金銭的報酬を過度に追い求める必要がなくなり、みんなに認めてもらいたい、自分の成長につなげたい、という承認欲求や自己実現欲求など高次元の欲求を満たそうとする人が増えたことによって、労働価値が「経済的報酬」に偏っていた時代から、個々人によって労働価値が異なる時代へと変わってきました。

労働価値に優劣はなく、マクロの視点に立ったとき、時代とともに変化していく不変の物体と捉えることができます。だからこそ、「自分たちが若いころは違っていたよね」と話をしたところで、変化は止められません。自分が生きてきた時代の労働価値が、時代とともに変わっていることに気づくだけでも、他者の考え方や行動に対して、疑問やいら立ちを持つことが大幅に減ります。

個人で変わる労働価値

ミクロシフトは、**個人の局所的要因による労働価値の変化**です。

例えば、その人のキャリア段階によって労働価値も変わります。入社したてのころを思い返してみましょう。「成長したい」「早く業務を覚えたい」「社会貢献がしたい」……入社したてのころは比較的「成長」や「学習できる機会」を重視している方が多いのではないでしょうか。

3年目になるとどうでしょうか。ある程度仕事が回せるようになったことで、「多くの成果を上げたい」「給与を上げたい」など「業務への達成感」や、「報酬」、「キャリア構築」への欲求が高まっているのではないでしょうか。

さらに、数年後、マネジャーになるとどうでしょうか。自分の成長や報酬への欲求はひと段落し、「育成」「働きやすい環境」を重視するようになっているのではないでしょうか。

労働価値は、本人の健康状態、身体的・精神的コンディション、生活環境によっても変化していきます。中でも生活環境の変化は労働価値への影響が大きく、例えば介護、出産、育児など個人に影響する要素はいくつもあります。

個人の場合、生活環境の変化に応じて、仕事とプライベートの重要比率に変化が生じてきます。それが一時的なときもあれば、より大きく変化することもあります。

顕著な例としては、産休・育休からの復帰があります。産休、育休によるミクロシフトは、個人にとっても、会社にとっても大きなインパクトをもっています。

産休・育休に入る前は、「プライベートよりも仕事を優先したい、バリバリ働いて成長したい」と考えていた人でも、いざ子供ができて家族が増えることによって、「労働時間を調整しやすい職場で働きたい」と考えが変わることもあります。

このように、同じ人でも、状況の変化によって労働価値が大きくシフトしていくことがあります。その人自体が変わっているのではなく、状況によって大切にしたいもの、求めるものが自然に変わっていくのです。

だからこそ、会社側で「若手が求めていることは○○に違いない」とか「入社5年目はこうあるべきだ」などと簡単に決めつけ、施策を行うことは危険です。**人それぞれ労働価値が異なり、しかも変化するという前提**を把握せず、施策ばかりを追いかけると空ぶるというのはこういった理由があります。

社会情勢や時代の変化による大きな労働価値変化「マクロシフト」、個人の局所的要因による労働価値変化「ミクロシフト」、この2種類によって、労働価値は変わっていきます。変化する労働価値に会社側が追いつけなかったとき、社員とのギャップは一気に深くなっ

産休・育休からの復帰

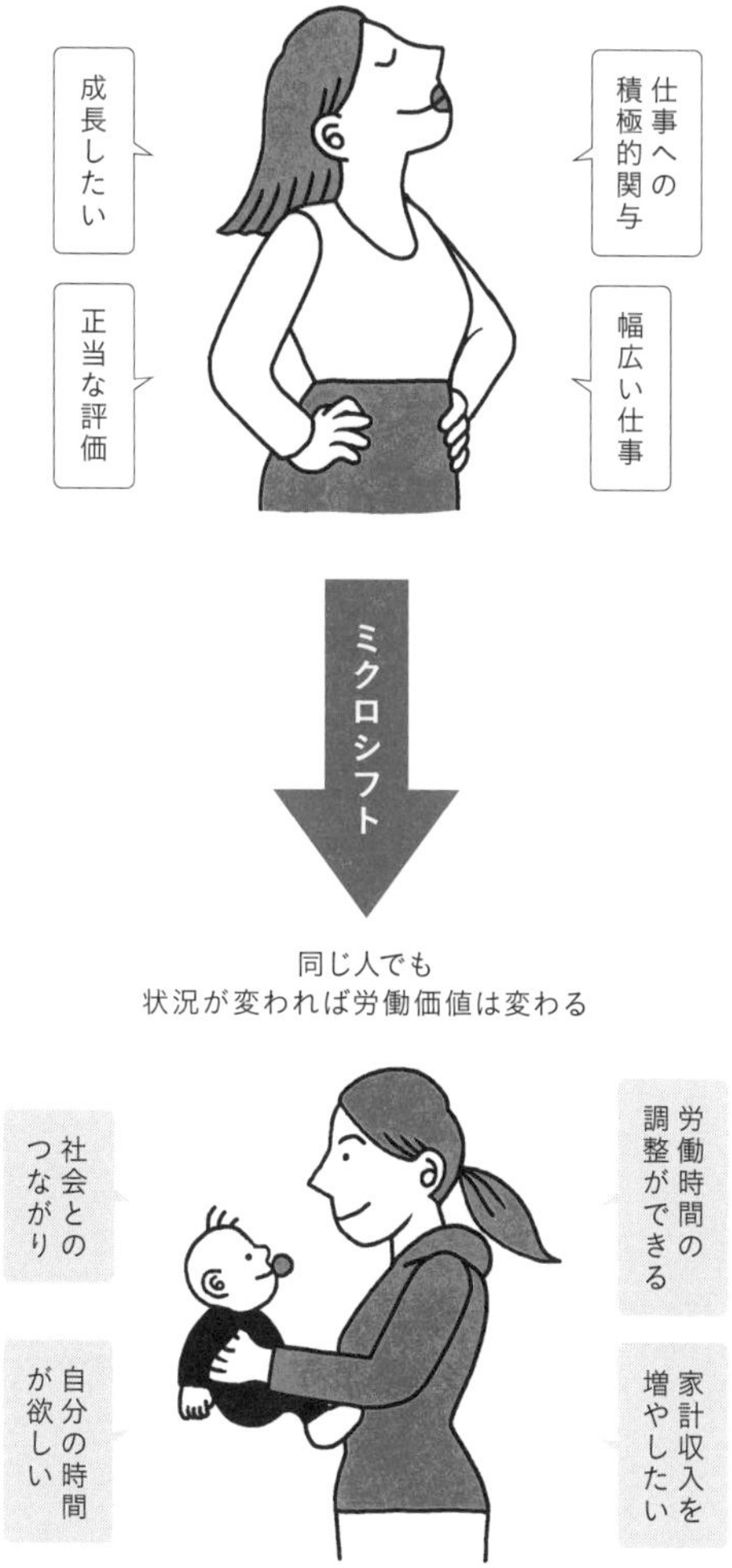
成長したい
仕事への積極的関与
正当な評価
幅広い仕事
ミクロシフト
同じ人でも
状況が変われば労働価値は変わる
社会とのつながり
労働時間の調整ができる
自分の時間が欲しい
家計収入を増やしたい

ていくでしょう。社員の労働価値に対する無関心、その変化に対する無関心は、やがて経営に大きなインパクトをもたらすのです。

労働価値の変化に適応できないと会社はどうなる？

では、こうした労働価値の変化に対して、会社側が追い付けなかった場合、どうなってしまうのでしょうか。

まず、マクロシフトに対応できない場合で考えてみましょう。マクロシフトは、社会情勢による大きな労働価値の変化と説明しましたが、例えば、労働人口減少で考えてみます。

労働人口減少の時代に、労働力が必要なビジネス展開を行い続けた場合、人が来ないどころか、限られたリソースで業務遂行することで、今いる社員の業務負荷が高まり、働きやすさが損なわれます。社員の心身は疲労蓄積やストレスで傷み、組織活性は低下。今の会社で仕事を続けていくことに限界を感じ離職者も発生するかもしれません。

離職者だけでも会社にとっては痛い話ですが、時代は労働人口減少真っ只中。表面的な

労働価値の変化に会社が適応できない場合…

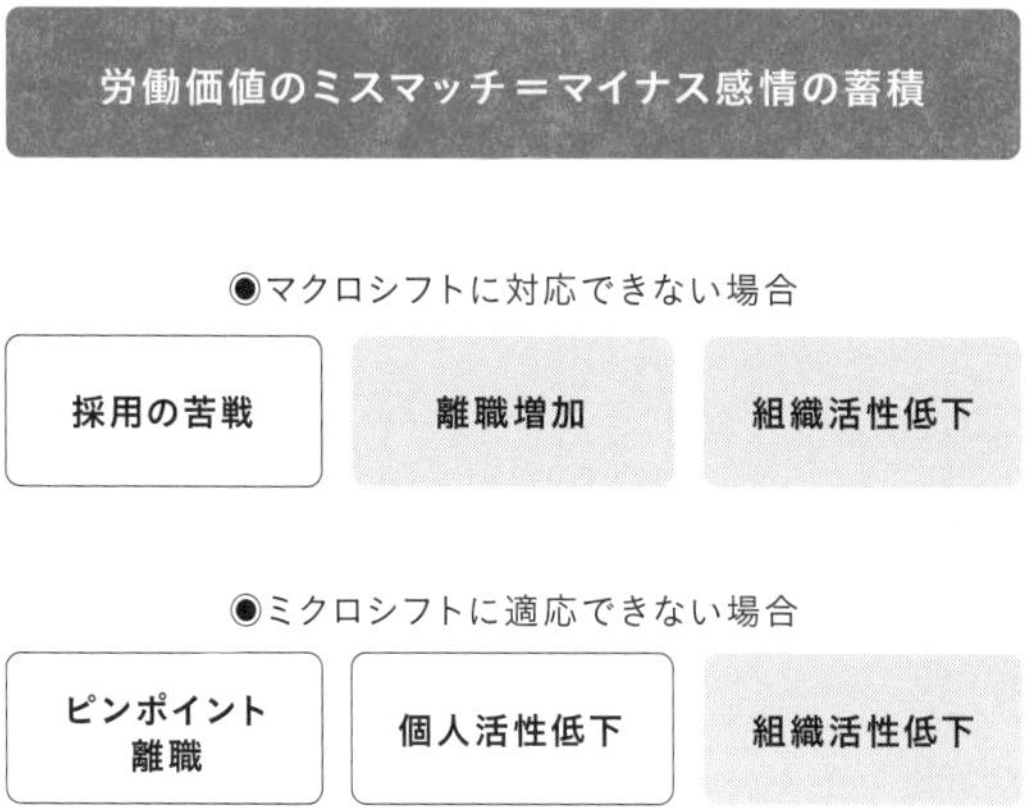

採用難だけでなく、離職者の続出により、求職者から見える会社評判も悪化し、若い人材も中途も採用が難しくなるでしょう。

ミクロシフトではどうでしょうか。ミクロシフトは、個人の局所的要因（キャリア変化・生活環境の変化・心身状態の変化等）による労働価値の変化と説明しました。会社がミクロシフトに適応できないときには、ピンポイントで離職する例が出てきます。例えば、産休・育休の例を振り返ってみましょう。

産休・育休に入る前は、「プライベートよりも仕事を優先したい」と考え、復帰後も元の部署に戻って、育児と両立しながら頑張りたいという思いを持っていたとします。しかしながら、実際に子育てをしてみるとその思いは変わってきます。「頑張りたい気持ちは変わらない、だけど、労働時間を調整しやすい職場で働きたい」と感じ、会社に伝えたときに、「前例がないからその部署での時短は認められない」「時短にするなら、別の部署に異動してほしい」と言われたとします。

その人の労働価値が第一に「労働時間の調整」を求めていた場合、異動を受け入れるでしょう。しかし、それ以上に「今までしてきた仕事を行うこと」「一緒に働いてきた仲間がいる環境」を求めていた場合はどうでしょうか。本人の気持ちは前向きでいられるでしょうか？　そこに、溝が生まれているのです。結果、今までしてきた仕事ができそうで、かつ時間の調整が可能な別の職場に転職、という結末になっていきます。仮に異動した場合でも、本人のやる気次第では業務の〝やらされ感〟が積もり、パフォーマンスが低下する、といった事態や、メンタルダウンにつながる可能性も考えられます。

ミクロシフトは、マクロシフトへの適応ができない場合と比べるとインパクトは少ないようにもみえますが、**期待していた人材が「一身上の都合」でポンと去ってしまう**、ということが発生すれば、単なる戦力の喪失にとどまらず、その影響は部署の内外に波及、穴埋めにかかるコストも膨大になることは言うまでもありません。

さらに気を付けなければいけないのは、今の時代、求職者は就職・転職サイトや口コミサイトを見て予習しています。「活気があり、時代の波に乗っている〝イケてる会社〟なのか」「子育てや介護などが発生しても、中長期的に働けそうな会社なのか」「自分の労働価値を満たせる環境がありそうか」――これらの条件をある程度満たすには、ミクロシフトへの対応も必須です。情報発信が当たり前の現代において、ミクロシフトへの対応ができないと、マクロシフト同様、採用の苦戦につながることも十分に考えられます。

マイナス感情の発生を防ぐには

まずは入り口から整備する

では、マクロシフト・ミクロシフトによっていつの間にか拡大していたギャップを埋めるために、会社はどうすればいいのでしょうか？　発生してしまったマイナス感情への解決策については、これから第2章・3章で見ていきます。

その前にまず、「マイナス感情の発生以前」でできる対処について考えてみましょう。

「マイナス感情の発生以前」で最初に考えるのは「入り口」、つまり採用です。**最初から労働価値の差、ギャップの少ない人を採用すればいいのです。**

求める人物像を明確にして、それに近い人を採用すること。優先すべき価値観を明確にして「当社で働くと、この価値観が満たされます」と提示することです。

そのためには、まず自社が提供できる労働価値を特定し、求職者に伝えられるようにする必要があります。

例えば、「無理な労働はせず、定年まで長く働き続けてほしい」と考える会社もあれば、「若いうちにできるだけ大きな成功体験を築き、それをバネにして社外に出て活躍してくれて構わない」、といった考えの会社もあるでしょう。

それが日頃の事業活動からわかる場合はいいのですが、簡単に見えない状態になっている組織も多く、詳しく見れば見るほど、会社として従業員にどのような労働価値を提供しているのかを認識できていないケースがあります。

「若手の成長を応援している会社」「年間休日125日以上」「ワーママがいます」……こ

れらも一見、労働価値を提示しているようですが、実態はどうでしょうか？　聞こえのいいスローガンとして形骸化していませんか？　具体的にどのような施策があり、どのような人が、どのような働き方をしているのか、各種休暇や制度などの取得率は何%なのか……実態に基づいて労働価値を特定・提示したほうが、求職者はもちろん会社側のメリットになります。実態が把握しにくいようでは上手な採用につながりませんし、採用後の早期離職にもつながり、無駄なコストが発生する結果となってしまうからです。

最悪なのは「不必要なダイバーシティ」

また採用においては、昨今注目されることの多い「多様性（ダイバーシティ）」とのバランスを図ることも重要です。

「異なるスキルや経験を持つ人材が、同じ目標に向かってそれぞれの能力を活かす」ことがダイバーシティの根幹です。働く目的が全く異なる人を入れると、必然的に会社と従業員の間での労働価値ギャップが多く生まれ、マイナス感情を発生させてしまう危険性があります。そのため、スキルや経験の違いだけでなく、労働価値の違いを採用段階で確認することがとても大切で、それを「文化マッチング」と表現する人もいます。

次のページの図では、ヨコ軸に「スキル・経験・思考法の違い」を、タテ軸に「労働価値の違い」を表しました。上へ行くほどギャップは大きくなります。

会社・組織が求めるあり方としてベストと言えるのは、右下の**「本来のダイバーシティ」**タイプです。労働価値のばらつきが少ないため、会社が提供するものと社員たちが求めるものとのギャップが少ない。一方、スキル・経験・思考法では大きな違いのある人材が集まっているので、その多様性が活かされ、組織の活力になっていきます。

一方、会社として「あえてダイバーシティを求めない」という戦略も考えられます。左下の**「低ダイバーシティ」**タイプです。労働価値が近く、似たスキル・経験・思考法を共有していることで意思決定が早く行われ、事業スピードが上がる事例があります。特に人数の少ない会社、スタートアップ企業ではその傾向が顕著です。

右上の**「諸刃の剣」**は、ダイバーシティを勘違いしている会社が陥りやすいタイプです。多様性を求めるあまり、労働価値も違う、スキル・経験・思考法も違う人ばかり採用してしまうと、その人材が適応できなかったり、組織に混乱が生まれたりするリスクが上がります。労働価値が大きく異なるものの能力の高い人材を入れることで一時的に成果が上が

文化マッチングを重視する理由

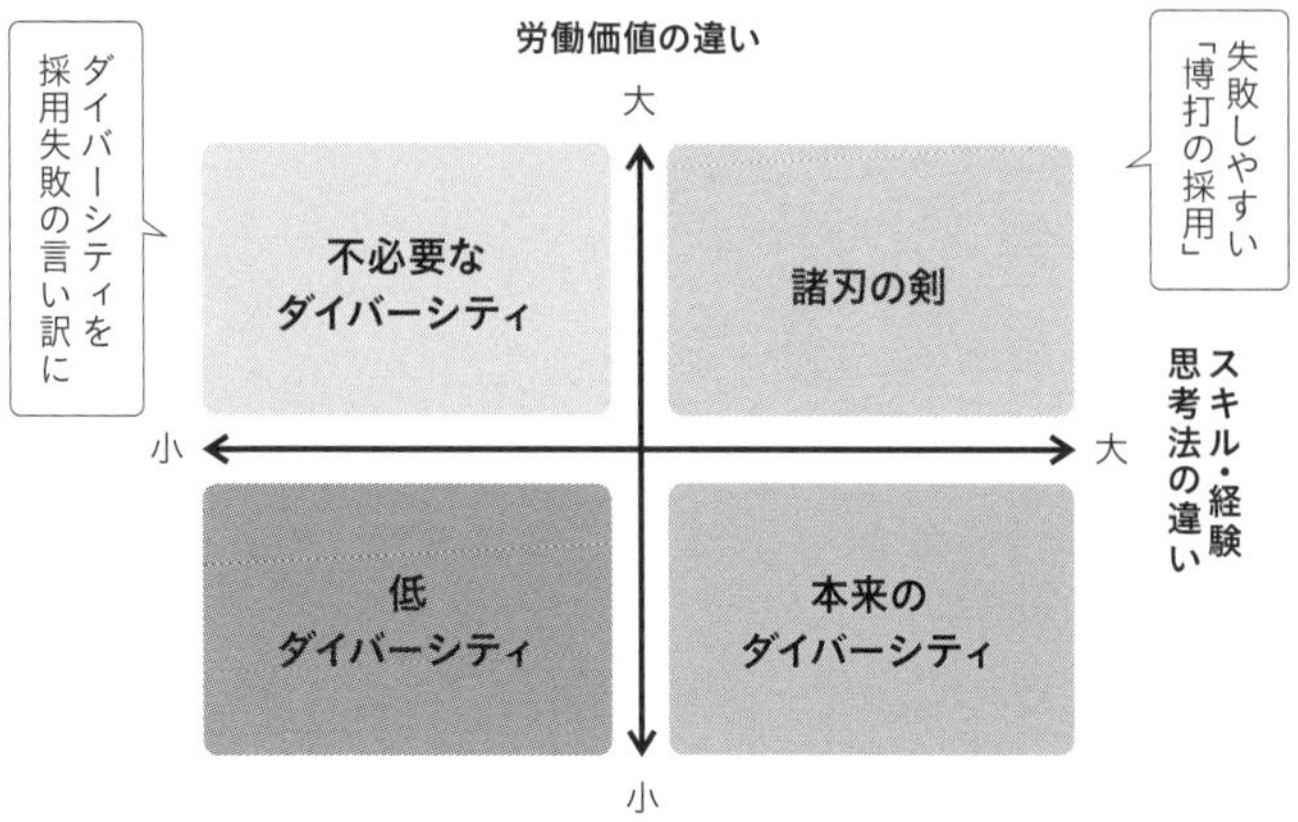

るケースもありますが、失敗した際のダメージも大きいため、博打の採用と言えます。

最悪なのは、左上の**「不必要なダイバーシティ」**タイプです。採用の失敗の言い訳をダイバーシティにしているケースとなります。スキルや経験といった必要な多様性ではなく、会社としてはむしろ画一性を持たせたい労働価値に多様性が出ることにより、働く目的が全く違う人が社内に入り、必然的に会社と従業員の間での労働価値ギャップが多く生まれ、大きなマイナス感情を発生させてしまう可能性があり、注意が必要です。

労働価値の差は大きな問題であることは、繰り返しお伝えしてきました。「優れた人材だが、会社側の労働価値とは大きく違っている人」を採用すると、会社に馴染むことができず、いつ抜けるかわかりませんし、周りの従業員に悪影響を及ぼす「不満因子」になりかねません。「能力が高いが価値観の異なる人」よりも、「能力が少し劣っていたとしても価値観が近い人」を雇用したほうが、会社にとってもそこで働く従業員たちにとっても良い結果となります。

もちろん短期間に成果だけ出せばいいときには、あえて目をつぶって「価値観は全く違うが、とんでもなく優秀な人材」を入れる場合もゼロではないでしょうが、それは図の右上「諸刃の剣」の状態です。危険を承知でやることです。「諸刃の剣」というのは、やり方しだいでは大きな成果を生み出すことも、大きな損害を生み出すこともあり得るということです。

労働価値の違いによるギャップが広がってマイナス感情が蓄積すると、定着率が低下し、組織運営は困難を伴います。だからこそ、「入り口」つまり採用時には、その点を十分に配慮しておくことが求められます。

今いる社員には道しるべを示す

もう一つ、「マイナス感情の発生以前」でできる対処があります。それは、既存従業員を束ね、求めるものを近づけていく施策を取ることです。

一つの会社で働くにあたって、元から価値観が大きく異なる従業員もいるでしょうし、採用時は同じ価値観を共有していても、ミクロシフトなどで価値観のギャップが広がっていくこともありえます。そのときには放置せず、社員と会社の間で、労働価値をしっかり確認していくことが大切です。

それには主に次の2つの施策が用いられます。

◉ビジョンやパーパスなど、会社が目指す目標・行動指針を共有
◉共有した価値観を定期的に確認・意識付けするためのコミュニケーションをとる

この2つを意識して、できるだけ労働価値を揃えていきながら、ギャップが広がらない

ように対応していくことになります。

会社には、さまざまな人たちがいます。労働価値はそれぞれに違います。でも、どこかでそれらをつなぎ合わせて束ねていかなければなりません。

そのためには、**今後どういう考え方をして進むべきなのかを示した、わかりやすい道しるべ**が必要になります。「うちの会社はこういう考えをもって動く集団です」と共有することが、道しるべとなります。それは、まさにそれぞれの組織にあるビジョン・ミッション・行動指針・クレド・パーパスなどによって表されます。

その道しるべから大きく逸脱してしまった人材、つまり労働価値のギャップが深い人材は離職もやむをえないと考えて、割り切るのが望ましい形ではあります。しかしそれができるのは、会社が業務遂行に必要な人員をしっかりと確保できる自信がある会社に限ります。自社が採用マーケットの中で優位なポジションを築けているのであれば、会社の考え方に適応できない人が離職することをポジティブにとらえることができるでしょう。

しかし、業務特殊性によって求職者が少ない業種や、競合他社に比べて会社の知名度や提示できる条件が劣ってしまう場合はどうでしょうか。人員確保のめどが立ちづらいため、

ビジョン・コミュニケーションを重視する理由

ビジョン・ミッション・行動指針・パーパス
異なる価値観の人たちが同じ方向を見るための道しるべ

従業員が不満を持っていたとしても、表面的な離職防止策に動かざるをえず、事の本質を解決できていないもどかしさを実感している会社も多いのではないでしょうか。

社員たちの目指す方向を合わせるためには、採用における労働価値のギャップを減らすだけでなく、しっかりと道しるべを示していく必要があります。

道しるべを全員参加型で作る

ビジョン・ミッション・行動指針・クレド・パーパスといった道しるべを、社員・メンバーみんなで作る会社もあります。みんなで作るメリットは、愛着・誇り・納得感が持てること、そして、行動に落とし込まれやすいことです。

作る過程はさまざまですが、個人的な労働価値ばかりをそれぞれに打ち出してもまとまりませんので、初めの方向性は経営者によって打ち出すことになります。経営者がベースを作り、それを議論していくことになるでしょう。経営者・社員みんなで検討を積み重ねていくことで、認識が共有され、納得感が増します。経営者だけでビジョンを作ったときよりも、より深く浸透するでしょうし、社員は自分たちが参加して作ったことで、ビジョンに誇らしさを抱くでしょう。

会社単位の取り組みではなく、部署やグループ単位での取り組みも効果的です。

ビジョン共有がうまくいっていない会社の多くが、**ビジョンやパーパスを各部門の行動指針に落とし切れていない**という問題を抱えています。そのため、どんなに時間をかけて作ったビジョン・パーパスであっても、現場での業務には一切影響しないという現象がよく起こります。

その対策として、会社が掲げているビジョンやパーパスを部署やグループ単位で議論し、現場での意思決定や行動に直結する形に加工する時間を持つことが重要です。額に入れて飾っているだけの「ビジョン」では全く意味がありません。現場での意思決定や行動に直接影響を及ぼすような形への変換を現場で行えると、会社と従業員の価値観のギャップを減らすことが可能となります。各自で考え、それを口に出す。他者の意見を聞き、最終的にまとめていく過程を見る。コミュニケーション活性にも効果が見えるかもしれません。

マイナス感情の発生を防ぎ、会社と社員とのココロのギャップを広げないためには、このように「入り口」つまり採用時における文化マッチングと、「道しるべの強化」つまり、既存社員の価値観を一つに束ねていくことが重要になります。

とはいえ、私たちのココロに生じるマイナス感情は、簡単には防ぐことができません。次に、多くの組織を悩ませる離職やメンタル不調、それらを引き起こす要因となるマイナス感情の「蓄積」をこれ以上増やさないために何をすればいいのか、一緒に考えていきましょう。

1章のまとめ

- 社員が求めるものと、会社が与えられるレベルの「差」がマイナス感情を発生させる。マイナス感情は人によって感じ方が異なり、それぞれの価値観に大きく左右される。
- 仕事に何を求めるか？＝「労働価値」は人それぞれ異なる。どのような労働価値を持っているかによって、仕事に関するさまざまな事象に対し、プラス感情を抱くか、マイナス感情を抱くかが変わってくる。
- 労働価値は、社会情勢や世代間のギャップと、個人の局所的要因によって変化していく（マクロシフトとミクロシフト）。それに会社側が追いつけなくなると、社員とのギャップは一気に深くなってしまう。
- 採用段階で求める人物像を明確にして、最初から労働価値の差が少ない人を採用することで、マイナス感情の発生をある程度予防できる。既存社員には、ビジョン等で価値観を共有し、定期的に確認・意識づけすることで、価値観を一つに束ねていくことが重要。

第2章

マイナス感情の発症メカニズム

マイナス感情を3つに分別する

組織の病が発生するメカニズムを知る

1章では、個人のマイナス感情はどうして発生するのか、〝発生〟のメカニズムを具体的に解剖しました。

では、マイナス感情の発生から、離職やメンタルダウン、モチベーションの低下といった課題はどのようなプロセスを経て出現しているのでしょうか。マイナス感情発生→離職、マイナス感情発生→メンタルダウン、マイナス感情発生→やる気低下というプロセスは簡単ではありますが、それでは「不満があるからあの人は辞めた／不調になった／やる気が低下した」という認識でしかなく、非常に短絡的です。マイナス感情によって、社員のコ

コロ、私たち個人個人のココロがどのような影響を受け、それによってどんな症状（現象）が引き起こされているのかを理解していく必要があります。

2章では、主に次の2点について解説をしていきます。

①マイナス感情が蓄積すると、どのようにココロに作用し、モチベーションの低下、離職、メンタルダウンといった症状につながってしまうのか

②蓄積による症状を深刻化させないためにどんな対策ができるのか

では、一緒に考えていきましょう。

マイナス感情を放置すると泥沼化する

マイナス感情は、組織が抱えるさまざまな要因で発生します。

よく耳にするのは「同業他社と比べると給与が低い」「うちの部は雰囲気が悪い」「人事制度が古すぎる」「上司が部署を全くマネジメントできていない」といった愚痴ですが、そ

マイナス感情はいろいろなところに蓄積する

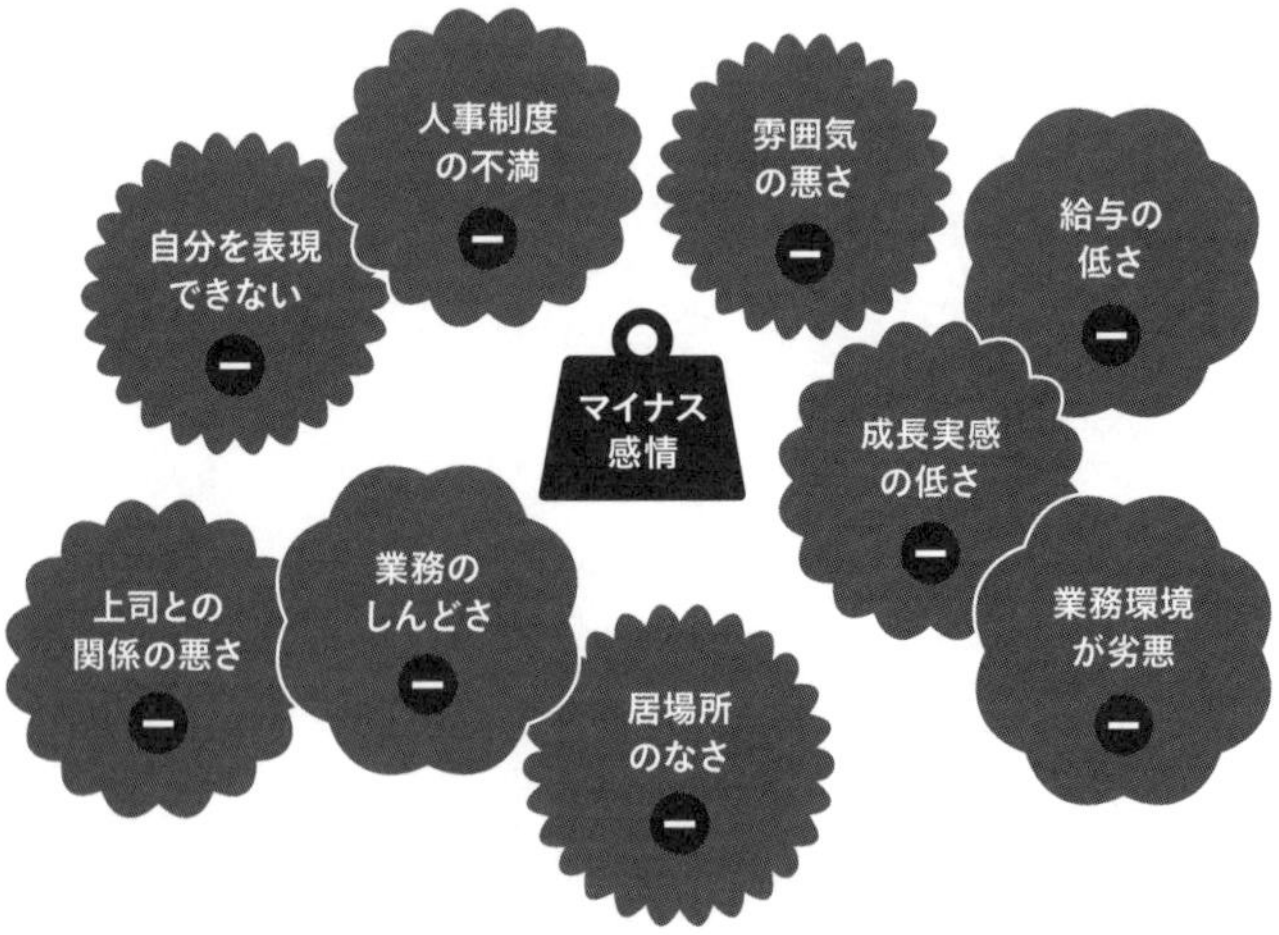

ういったものすべてがマイナス感情の要因であり、日々、どこかでマイナス感情は発生しています。

そのため、組織を管理する立場の方がそれらを早期に見つけて対処することはとても難しいのが現実です。大抵の場合は気づかれない、気づけていても自分の力では何ともならないとあきらめていたり、もしくは放置されていたり。社内の秩序や生産性に影響する事象として目につくほどになってはじめて、「いつの間にこんなことに！」と愕然とする結果となります。

「わかりようのないことを、理解するのは無理」

「把握できないことに、対策を打てるは

ずもない」

ただでさえ忙しいマネジャーの方々が、そう思われるのも当然です。

しかし、マイナス感情が発生し、どんどん蓄積するのを放置している間に、「ここにいてはダメだ」と離れていく人材、傷んでいく人材が増えていきます。そこからまた新たなマイナス感情が発生し蓄積し、周りの社員に伝染していきます。多くの会社は、この泥沼にはまり込み疲弊しているようです。

発生から現象までのロジックを把握する

この泥沼から脱するためにはどうしたらいいのでしょうか。まずはマイナス感情の蓄積を早めに把握する方法を見つけなければなりません。

しかし、マイナス感情の蓄積状況をひとつひとつ見ていき、アプローチを行うのは大変な作業です。例えば、部下Ａのマイナス感情蓄積状況を理解しようとしたときを例に考えてみます。

「Aは営業先の顧客要求が厳しいことでかなりしんどそうだった。前月は残業時間が65時間を超えており、朝も毎日8時前には出社をしていたな。加えて後輩のBが言うことを聞かないと嘆いていたから人間関係でも苦労していただろう」

このときの部下Aのマイナス感情の発生要因はなんでしょうか。人間関係がうまくいっていないことでしょうか。顧客要求が高いことでしょうか。残業が多いことでしょうか。具体的にヒアリングをしない限り、「これが要因だ」と他者が決めることはできません。また、A自身の労働価値や性格傾向によっても、何が一番しんどかったのかも変わってきます。

マイナス感情の蓄積を早めに把握するということは、「不満があるからあの人は辞めた」といったような、マイナス感情の発生→現象といった短絡的見方をすることではありません。また、「これとこれとこの要因がマイナス感情の発生の要因となって、こういった現象に至った」とひとつひとつ細かく説明できることでもありません。

どんなマイナス感情の発生要因があり、それがどのようにココロに影響し、症状（現象）をもたらしたのか、もたらす可能性があるのか、ロジックを用いて理解することが、マイナス感情の蓄積を早めに把握するためのポイントです。

マイナス感情を整理する3つのカテゴリー

「はじめに」でもお話ししましたが、私は経営コンサルタントとして、経営視点で組織を見る一方、産業医としてたくさんの方々と面談をしており、現場社員の視点からも組織のあり方を見ています。さらに、ストレスチェックなどの従業員意識調査のデータを用いて、経営視点と社員視点の両方から組織を分析しています。これら多角的な視点から、さまざまな組織を立体的に把握・分析してきた結果、社員のマイナス感情の発生対象は次の3つのカテゴリーに分けられると結論づけました。

- **心身コンディション**
- **働きやすさ**
- **働きがい**

私は、これら3つを合わせて**「個人活性」**と名付けました。**人が活き活きと働けるかどうか**を決めている3つの要素となります。

それぞれの中に、さらにいくつかの要素があります。詳しく見ていきましょう。

- **心身コンディション：** 疲労、将来への不安、病気など
- **働きやすさ：** 業務の量、ワークライフバランス、人間関係、人事制度など
- **働きがい：** 強み、成長、居場所感、つながり、評価など

この3要素「心身コンディション・働きやすさ・働きがい」がバランスよく満たされている社員は、快適な職場で、元気に、前向きに仕事ができている、といえます。そのような社員が多ければ多いほど、高いモチベーションが組織内に充満します。

この3要素はどれか一つが優れていればいいというものではなく、重要なのはバランスです。例えば、〝ワークライフバランス〟への取り組みに力を入れていて、「働きやすさ」に優れている職場であっても、〝成長〟や〝つながり〟といった「働きがい」が不足し、成長を望む若手の離職が止まらないようなケースもあります。

なお、「働きやすさ」の中の〝人間関係〟と「働きがい」の中の〝つながり〟は似ているよ

3要素に含まれる主なマイナス感情の蓄積対象

心身コンディション	働きやすさ	働きがい
抑うつ	業務量	強みの活用
疲労	業務プレッシャー	適職
将来不安	ワークライフバランス	成長
身体的病気	人間関係	居場所感
	人事公平性	つながり
	給与	

うですが、〝人間関係〟は上司・部下・同僚といった、業務に関連した関係性を指し、〝つながり〟は業務上の関係性というよりも「働く仲間」としての精神的な距離感を表します。例えば直属の上司の威圧的な態度に悩んでいるなら〝人間関係〟に、業務に支障はないが人間関係が希薄で一体感を持ちづらいことに不満があれば〝つながり〟に、それぞれマイナス感情が蓄積していると考えられます。

　また給与の高い低いについては、「働きがい」と「働きやすさ」の両方に含まれます。金銭報酬の「働きがい」としての効果は一時的なものにとどまるため、よほどの金額でない限りは大きな「働きがい」の要素とはなりませんが、社員が「最低限このくらいは欲しい」と思っている額を給与が割り込んでしまうと、「働きがいはあるけど、この給与額だと想定している生活ができない」と「働きやすさ」を大きく低下させる原因となります。

個人活性はピラミッドでできている

個人活性の3要素である「心身コンディション・働きやすさ・働きがい」は、ピラミッドに例えることができます。

「心身コンディション」は個人活性の土台となります。これがグラつくと、「働きやすさ」にも「働きがい」にも悪い影響を与え、個人活性の低下を招きます。どんなに骨組み・内装・外装が良い家を建てても、基礎がしっかりしていなければ家は傾きますよね。その一方、「働きがい」や「働きやすさ」が乏しい場合でも、「心身コンディション」に悪い影響を与えてしまいます。上の部分が崩れると、雨や風が侵食し、土台である基礎を破壊していきます。

「心身コンディション」の重要性については、すでに意識されている方も多いと思います。

個人活性3要素の関係性

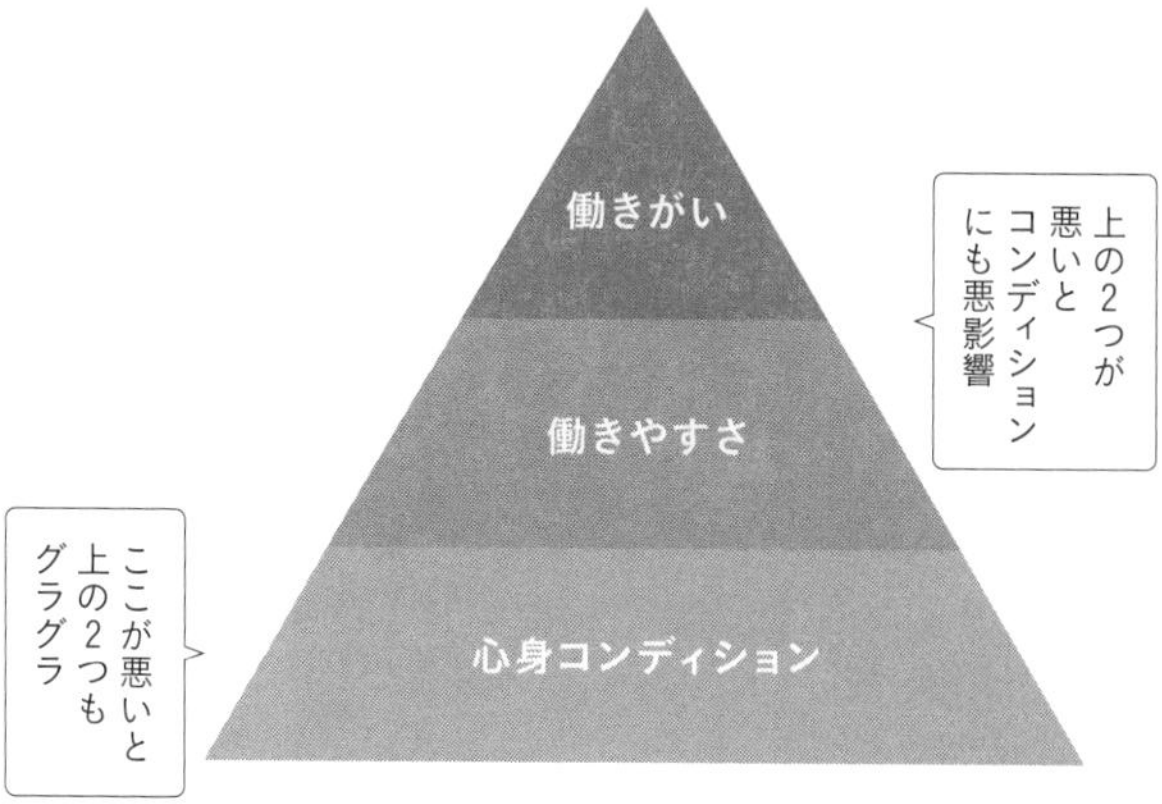

しかしそれを、「個人の健康問題であり、組織は関知しない部分」と考えていないでしょうか。組織の「働きがい」や「働きやすさ」で発生したマイナス感情が「心身コンディション」を損ねてしまう、といったケースも多く、「心身コンディション」をチェックするのは組織にとって必要なことです。

それでは、これらのバランスが崩れたとき、どのような現象が起こるのでしょうか。それに対し、どのように対処していけば良いのでしょうか。マイナス感情が発生し、蓄積し、不調などの現象に至るまでのロジックを、6つのケーススタディーで見ていきましょう。

あなたの周囲で起きていませんか？ケースで見る、マイナス感情の蓄積

ケース1 忙しすぎて精神限界
――業務負荷によるマイナス感情の蓄積――

営業職・Aさん（32歳男性）
3か月前にマネジャーに昇進。若手が憧れる〝できる営業マン〟タイプ

元々業務量が多かったが、自社の新サービスが運用されるようになり、顧客先への説明などで業務量が急増。だんだんと疲労を感じるようになり、業務時間の長さに辛さを感じるようになった。以前は顧客担当者に喜んでもらえることをやりがいに感じていたが、最近は「しんどい」という気持ちが上回り、仕事の中でやりがいを感じられなくなってきて

いるばかりか、他のメンバーが自分のサポートをしてくれないことに対するいら立ちを強く感じている。

ケース❶の解説

会社の経営状況と、社員の労働価値のギャップが広がっていくにつれ、よく発生するケースです。

業務量が多すぎるという理由だけでなく、人員が安定しない、必要な人が辞めてしまう、能力のある人から辞めてしまう、といった人的リソースの確保がうまくいっていない場合にも、否応なく個人に対する業務負荷はキツくなります。

優れた成長企業でも、需要に対応するために業務負荷が急増することがありますので、これまで優秀でよく働いていた人たちが、しだいに疲弊していくこともあります。

業務負荷が増えていくと、「心身コンディション」としては〝疲労の蓄積〟となって現れます。それが継続することで、徐々に「働きづらさ」に波及してきます。「どうして私たちだけ」と不公平感が出てくる、誰かがミスをしようものなら人間関係がギスギスし、過剰で過激な言葉が飛び交うなど、雰囲気は悪化していくことが多いです。

すると今度は、「働きがい」の低下が起こります。例えば、当初は「休めばなんとかなる」と思っていた程度だったのが、毎日の職場で嫌なことが起きているとマイナス感情が増えていき、その結果「眠れない」「イライラする」「不安が増大する」といったココロの問題に発展していきます。休んでも休んでも疲れが取れない、眠れない、気が晴れない、不安が大きくなる、そして職場へ行けば先の見えない業務の山——。

ここまで来ると、「働きがい」にも悪い影響が及びます。これまでは自分の労働価値に合った仕事だと楽しく前向きに取り組んでいたのに、しだいに後ろ向きになっていき、「この仕事に向いていないかもしれない」などと、さらにマイナスに傾いていきます。

こうして「働きがい」「働きやすさ」の悪化によって、最終段階では体調不良による遅刻、欠勤が発生したり、メンタルダウンや離職を引き起こしたりします。

ケース❶の対策

業務量を削減できれば一番いいのですが、それは簡単にできることではなく、取り組みに時間を要することもあります。まずは、忙しい中でどのように心身コンディションを保つのか、その方法を模索することが大切です。

ケース❶ 業務負荷増加

人的リソース不足、
需要の増加などで
負荷が急増するケース。

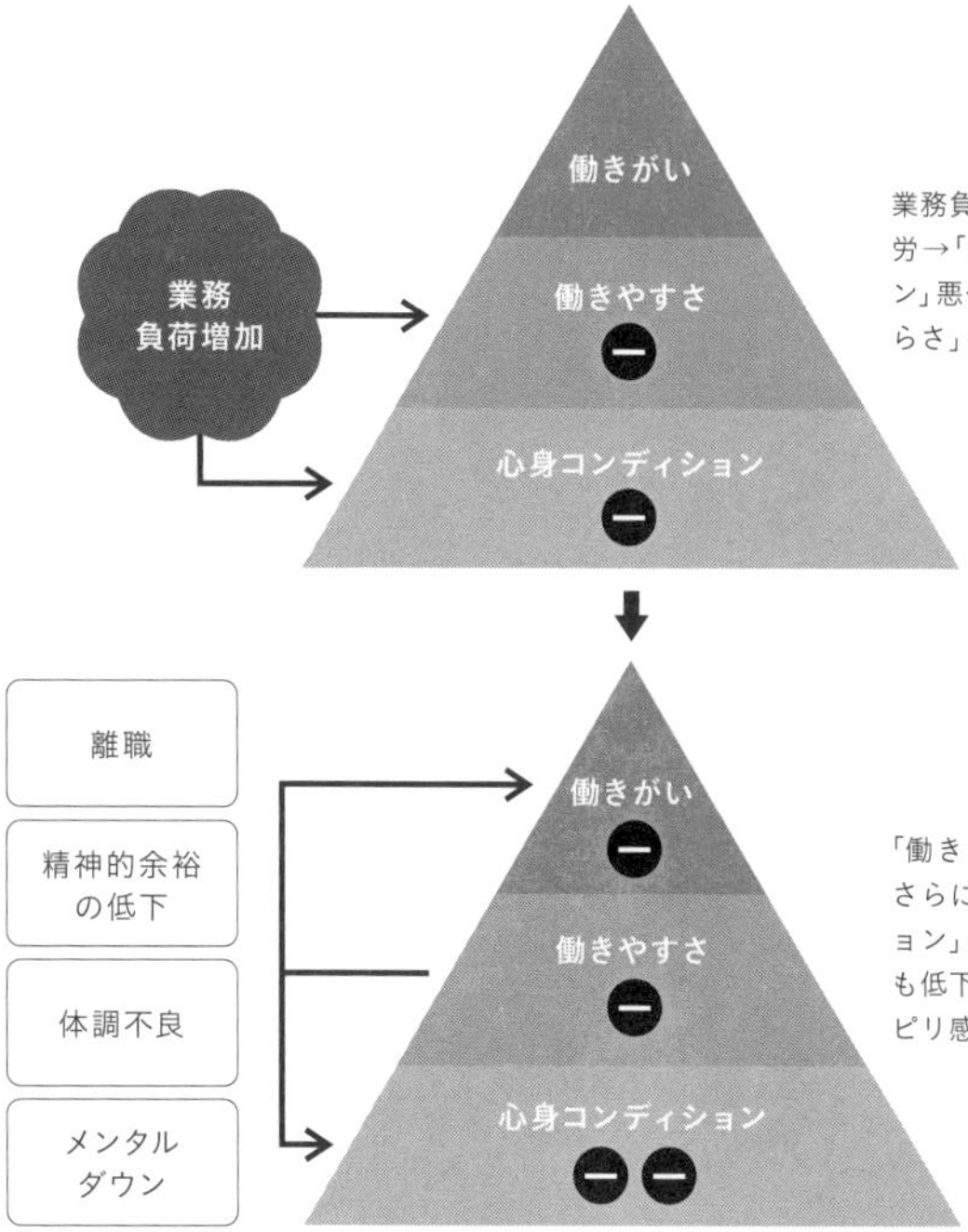

業務負荷が増えると、疲労→「心身コンディション」悪化とともに「働きづらさ」が出てくる

「働きづらさ」によってさらに「心身コンディション」が落ち「働きがい」も低下、組織内にもピリピリ感が…

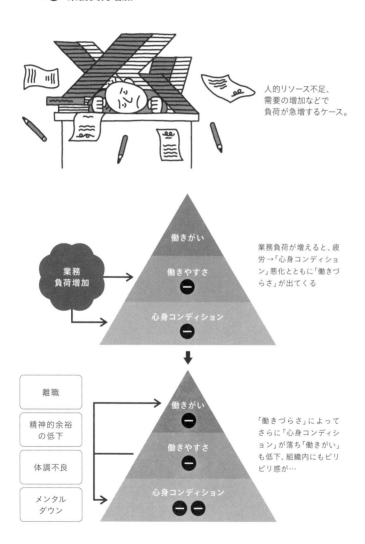

［会社側］

疲労が溜まっている社員を早期発見し、「心身コンディション」の悪化を食い止めることを最優先にしてください。

具体的施策としては、管理職による現場での声掛け、過重労働時の心身健康を確認する問診票の実施、産業医面談の実施などが挙げられます。

同時に、目先の働きづらさの解消も検討してみましょう。管理職に向けた業務管理改善のための教育や、業務の偏りで生じる不公平感をなくすなどの施策が考えられます。

［本人側］

睡眠の確保が最優先です。脳を休めるためには睡眠を最低でもまとめて4時間以上、基本は6時間以上取るようにしてください。適切な睡眠が脳を休め、疲労回復や記憶定着、思考能力の維持などプラスの効果をもたらします。

コラム

睡眠はメンタルを測るモノサシ

メンタルの悪化具合は睡眠の質で測ることができます。

メンタル不調を疑う方がいる場合、睡眠にとくに影響が出ていないのであれば、様子見として経過観察します。睡眠時間が足りていない場合、自身で時間を増やせるのであれば、生活改善を行い、十分な睡眠時間を取るよう指導し、様子見をします。

問題はここから先です。「寝付くのに1時間かかる」「2時間おきに目が覚めてしまう」など睡眠の質が悪化すると、もはや自力で改善は難しくなります。薬による治療を受けることが最善策となるため、クリニック受診をおすすめします。投薬しながら様子見をしても改善しないときは、就業制限や休職を検討する必要が出てきます。

最も警戒すべきは「疲労の突き抜け」です。

「忙しい業務で疲れたら、よく眠れるのではないか？」と思う方もいらっしゃいますが、むしろ逆です。

例えば、疲れが蓄積しはじめのころは、「3時間しか眠る時間は取れないが、ぐっすり寝られる」と言っていた人でも、疲労の蓄積が継続していくと、緊張のスイッチが入りっぱなしとなり、自律神経失調症の一種である「過緊張状態」になっていきます。その影響で睡眠の質が低下し、「寝る時間があまり取れない」だけでなく「寝つきが悪く、途中で目が覚めてしまう」など睡眠の質の悪化が起こります。

その状態が継続すると、精神状態に影響し、感情的な発言・行動が目立つなどメンタル不調が進行。周囲から見ても「ちょっと最近、おかしいよね」と言われるような言動が見られます。疲労が溜まり、睡眠の質の悪化が起きているときは、このような「疲労の突き抜け」現象に陥っている危険があり、注意が必要です。

では、疲労が溜まっているであろう社員に、どのように調子を確認したらいいのでしょうか。言動がいつもと違う人に「ちょっとお前、おかしくないか？」と声をかけても「いいえ、大丈夫です」と反応する人がとても多いのです。全く自覚がない中で、「ちょっとお前、おかしくないか？」と言われたらムッとするかもしれません。

まずは、「ちゃんと眠れてる？」と声をかけてみてください。先程のメンタル状態についての質問とは異なり、睡眠状態については正直に話してくれることが多いため、結果的にメンタル状態の把握につながります。

「このごろ、よく眠れている？」と声をかけて、「それがいまいちで」と返ってきたら、睡眠の質をチェックしていきます。「夜中に起きたりする？　寝付きが悪い？　朝、起きられない？」といった点を聞き、睡眠の質の悪化を確認したら、「自力での改善は難しいので、睡眠改善を目的にクリニックを受診してみては？」と促してみましょう。

また、睡眠障害のほとんどが不眠ですが、過眠という症状が出ることもあります。新型うつなどで見られる症状で、普段よりも長く眠ってしまい、かつ起きたときに疲れが取れてない、というサインにも注意が必要です。

ケース❷ 限度を超えるとただの窮屈
―マイクロマネジメントによるマイナス感情の蓄積―

企画職・Bさん（27歳女性）
2か月前に企画部に異動。自分で考えて働ける〝自主性〟があるタイプ

Bにとって企画職ははじめての経験。部下の仕事を細かく見ている、ということで社内でも評判の上司Zの下で働くことになった。Zは評判通りで、部下からの報告をしっかりと聞いたうえで具体的な指示を出してくれるため、やるべきことが明確になり、Bは働きやすくなったと感じていた。が、次第に業務を細かく決められることが精神的圧迫になり、働きづらさを自覚するようになった。それが半年ほど続き、仕事のやる気が低下。気持ちの落ち込みも自覚するようになり、「干渉が行き過ぎている。これはパワハラじゃないか？」と思うようになった。

ケース❷の解説

業務指示をしっかりとできる上司は素晴らしいのですが、その指導・監督が細かすぎることをマイクロマネジメントと言います。

このスタイルのマネジメントが必ずしもダメだというわけではありません。「業務指示が明確で動きやすい」とプラスに評価されることもあります。

しかしマイクロマネジメントは、時間の経過に伴って、多くの部下にとって悪い影響も与えていくようになります。

常に上司の目を意識し、「何を言われるのか」とビクビクしながら仕事を進めていくような状態がストレスとなります。次第に、「自分の意見は関係なく、言われたことを忠実にやらなくてはいけない」と感じ、自身の考えを持たず、機械のように業務をこなさなくてはいけない状況に陥ります。中にはこの段階でメンタルダウンになることもあります。

こうして「働きづらさ」が増していくと、「あの上司は嫌いだ」と公言するなど、上司との人間関係は悪化し、中にはマイクロマネジメントをされていることについて「パワハラを受けている」と言う社員すら出てきます。結果、やる気の低下や離職が起こります。

ケース❷ マイクロマネジメント

上司の指導・監督が細かすぎ、
過干渉になっているケース。

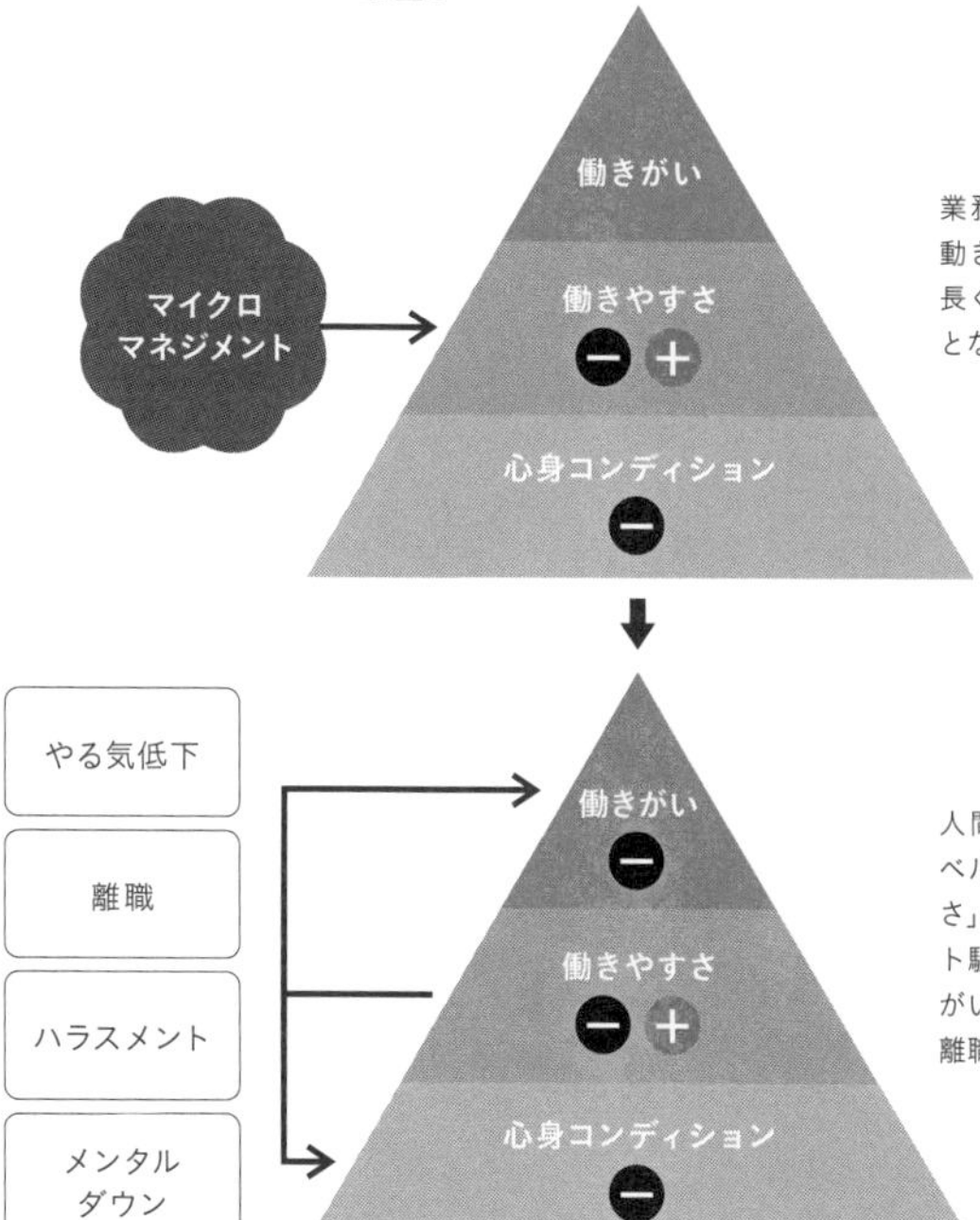

業務指示が明確になり動きやすい人も出るが、長く続くと精神的な圧迫となり「働きづらさ」に

人間関係が感情的なレベルで悪化し「働きづらさ」が増すと、ハラスメント騒動になったり、「働きがい」の低下などによる離職を招くことに

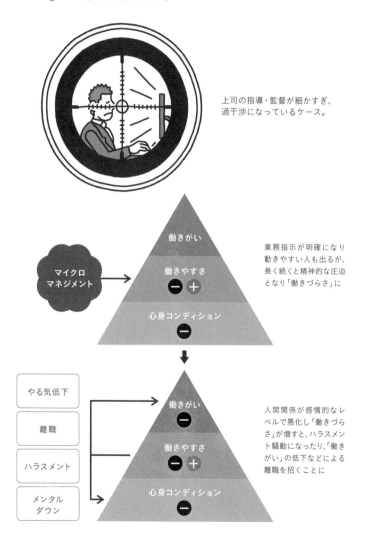

ケース❷の対策

このケースでの対策を考える際には「マネジメントの3要素」の理解が重要となります。マネジメントに関する理論はこれまでたくさん発表されていますが、私はマネジメントを3つの要素に分けることをおすすめしています。

①業務管理

目標設定や業務計画・業務指示・進捗管理などが入ります。多くの人が考える「マネジメント」のほとんどがここに含まれていると想定されます。マイクロマネジメントはこの業務管理における一つの型となります。

②評価

部下の評価を行い、それを伝えることもマネジメントの一つです。

③精神的サポート

このところ注目されているのが精神的サポートです。メンタルヘルスに関するラインケアはもちろんのこと、キャリアサポートや、昨今多くの会社で取り入れられている「1on1（ワン・オン・ワン）ミーティング」も含まれます。

〔会社側〕

業務管理の一つの型であるマイクロマネジメント。これによるマイナス感情の蓄積を回避するためには、①業務管理の型を変えるか、③精神的サポートを増すか、二つの方法があることがわかります。

後者では、精神的サポートについての実践的な管理職教育や１ｏｎ１ミーティングの導入を検討していくことになります。１ｏｎ１ミーティングは、上司と部下が1対1で面談し、表面的ではない信頼関係を築くことで、失敗も含め自然体の自分を見せられる「心理的安全性」を部下に与え、成長を促すことを目的として行います。これをマイクロマネジメントが起こっている現場だけに使うのではなく、全社的に活用することで、自発的に考えて動く社員がたくさんいる「活気ある組織」に近づきます。

〔管理職側〕

マネジメントにおいて最も大切に思ってもらいたいこと、それは「部下の感情に関心を持つこと」です。管理職の方は、部下の業務と精神状態の両面をサポートする役割を自身が持っていることを再認識し、１ｏｎ１ミーティングなどで部下との関係構築に臨んでみてください。部下の感情を考慮した際に、マイクロマネジメントが適切なマネジメント方法ではないと感じた場合には、マネジメント方法の見直しが必要となります。

［本人側］

本人側からも、マイクロマネジメントの状況下であっても何かできることがあるはずです。例えば、報連相の強化、特に「相談」を強化していくことを意識することをおすすめします。

報連相では、結果の報告や進捗状況の連絡も重要ですが、最も大切なのは「相談」です。自分で考えることを放棄せず、業務の改善を提案・相談するよう心掛けていけば、一方的に指示を受けるだけではなく、自身も業務の推進に積極的に関与できるチャンスが生まれることがあります。

なお、相談の際には必ず次の4つを、それぞれ明確に分けて伝えることが大切です。

- 何が起きているか（事実の報告）
- どうしてそうなっているのか（自分なりの分析）
- 自分はこうしようと思う（対応法の提案）
- 今してほしいことを伝え、意見を聞く（何をしてほしいのかを伝える）

自力で何ができるのか、その探求を放棄してしまうと、「働きがい」や「働きやすさ」を手に入れられる可能性は一気に下がってしまいますし、その逆もしかりです。

ケース3 これって働き方改悪？
——労働時間削減によるマイナス感情の蓄積——

システムエンジニア職・Cさん（29歳男性）
好きな仕事を自分のペースでコツコツ極めたい〝ザ・SE〟タイプ

新卒入社以来、労働時間が長い傾向があった。「顧客が満足するものを作るために時間がかかるのは仕方ないし、自分が好きだと思っている仕事ができるから、労働時間の長さは苦にならない」と話している。

しかし働き方改革の流れで、全社で労働時間削減を進めることとなり、残業時間に制限が入った。これまでのような働き方ができなくなり、やりづらさを感じるとともに、仕事への意欲が下がっていくのを実感している。

ケース❸の解説

働き方改革に関連して、労働時間削減の動きが急速に広がっていますが、時間削減によって起きる社員のココロの動きについても、考慮したいところです。

労働時間を減らすことにより、「心身コンディション」が良くなることが期待されます。私が産業医として担当している会社の多くでも労働時間がこの数年で明らかに減り、身体的な疲労で苦しむ社員も少なくなりました。その一方、多くの会社で起こっている現象として、労働時間を削減するよう言われるものの業務量は変わらず、業務時間内での業務濃度が濃くなり、精神的な疲労につながり、やる気の低下や離職につながるケースも出ています。

また、このケースのように、仕事がある意味〝趣味化〟してしまうと、会社に遅くまで残ってのんびりと仕事ができ、かつ残業代がもらえるという、本人にとっては天国のような環境が、労働時間削減という流れによって破壊されてしまい、「働きやすさ」や「働きがい」の低下をもたらす結果になることもあります。ピラミッドの土台である「心身コンディション」にはあまり影響しないものの、最初は「働きやすさ」を低下させ、それが頂点にあ

ケース❸ 労働時間削減の強制

働き方改革で
強制的に労働時間や働き方を
制限されるケース。

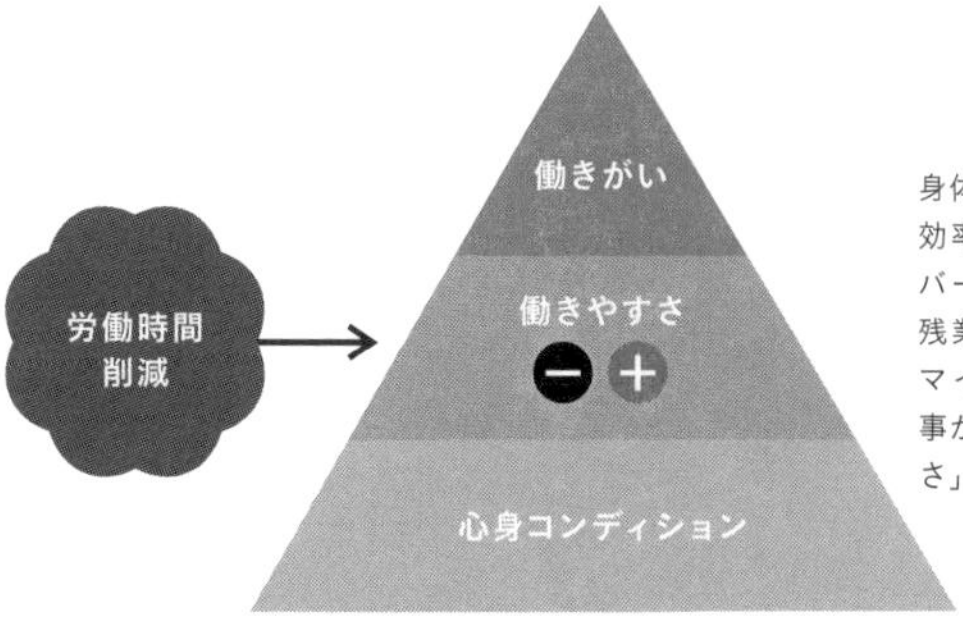

身体的には楽になるが、効率の悪さを時間でカバーしていた人や生活残業をしていた人にはマイナス。海外との仕事がある人の「働きやすさ」を低下させることも

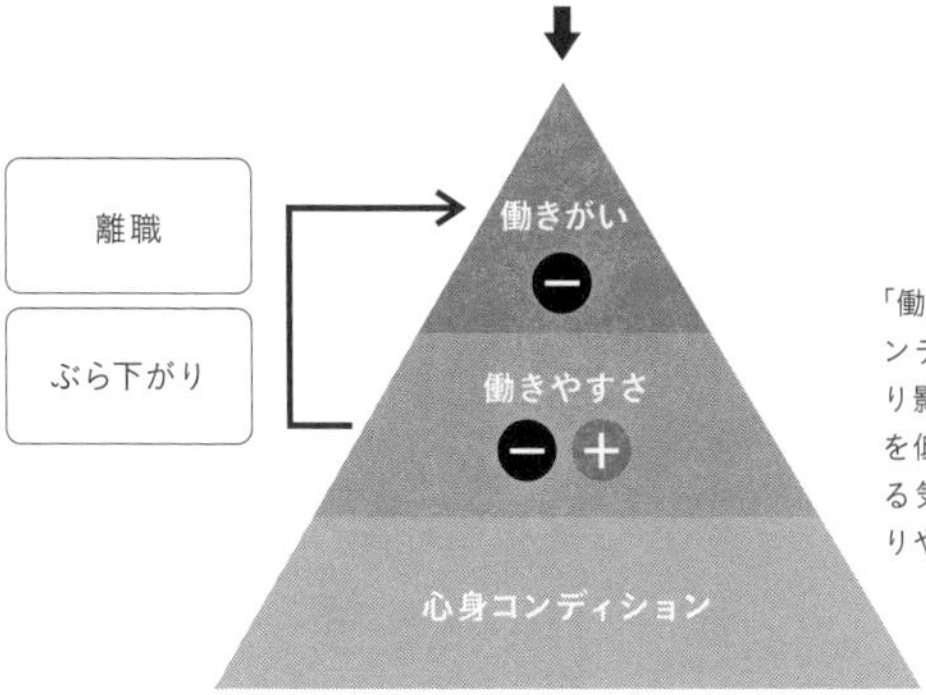

「働きづらさ」は心身コンディションにはあまり影響せず、「働きがい」を低下させることで、やる気低下からぶら下がりや離職につながる

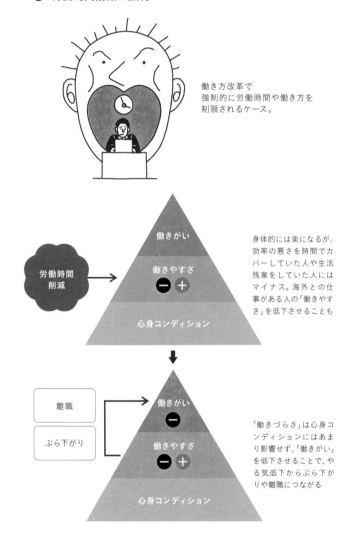

る「働きがい」を低下させてしまう結果となっています。

ケース❸の対策

［会社側］

今の時代、会社にとって労働時間削減への取り組みは不可避です。労働時間削減によるマイナス感情の蓄積を最小限にするためには、「長い時間働くことが良いこととされるのではなく、効率よく結果を出すことが求められる」と社員のマインドセットを変えることと、実際に業務効率改善を進めていく必要があります。

具体的施策は業種や状況によって大きく異なるため、ここでは扱いませんが、現場任せの労働時間削減はマイナス感情の蓄積につながることが多いことに注意が必要です。

［本人側］

社員にとっては、労働時間削減という時代の流れをポジティブに捉えることができるかどうかが重要な問題となります。働く時間を減らす中で、いかにして自分の生産性を上げることができるか、それを「会社から無理やり迫られてやらされている」と感じながら行うのか、それとも「今後の自分の価値を上げるために必要なことだ」と思って行うのか、根底にある思いの違いで、受け取り方が大きく変わってきます。それがマイナス感情の蓄積度合いの違いとなって表れてきます。

時代の流れに合わせて何ができるのか、前向きな姿勢で対応しようとすることが、不要なマイナス感情の蓄積を防ぐ一番の方法であると考えます。

ケース4 管理職って断れますか？
―昇格によるマイナス感情の蓄積―

マーケティング職・Dさん（36歳女性）
仕事はできるがこだわりも強い〝職人〟タイプ

自分の仕事に没頭し、成果物の質を上げることにこだわりを持って働いてきた。人との交流はあまり得意ではなく、部下への業務指示やサポートを必要とする管理職にはなりたくないと、人事や上司には何度も伝えていたが、これまでの功績が認められた結果、マネジャーに昇格することとなってしまった。自身が苦手でやりたくないと考えている業務指示や、精神サポートに業務時間の多くを費やされることとなり、自分の仕事に集中できないもどかしさが膨らみ、今までのようなやりがいを感じられなくなり、離職を検討し始めている。

ケース❹の解説

昔は、管理職になる＝自分のこれまでの活躍が認められた、と感じ、ポジティブに捉えられることが多かったようですが、最近では、管理職になることのメリットが感じられない限りは敬遠したがる傾向が見られます。

その主な理由は、管理職に求められる業務が拡大傾向にあること。部下をマネジメントするだけでなく、管理職自身もプレイヤーとしての成績を求められることが多くなっていることから、業務負荷と責任の双方が増すことがネガティブに捉えられていることが影響しています。

そんな中、「管理職になりたくない」という社員を無理やり管理職にしてしまった結果、マイナス感情が蓄積し、離職につながるというケースがよく見られます。

部下の面倒を見ることで、一日の時間の使い方がこれまでとは変わり、一定の時間、部下のマネジメントに割かれることで、「働きやすさ」が損なわれていきます。それが続くと、

ケース❹ 管理職になりたくない

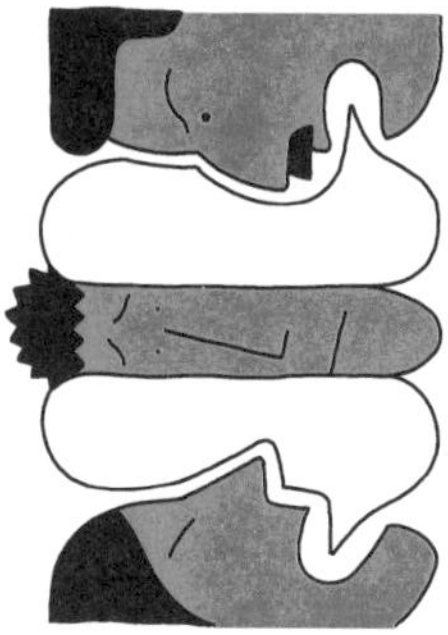

昇格などにより、
本当はやりたくない
管理業務を任されるケース。

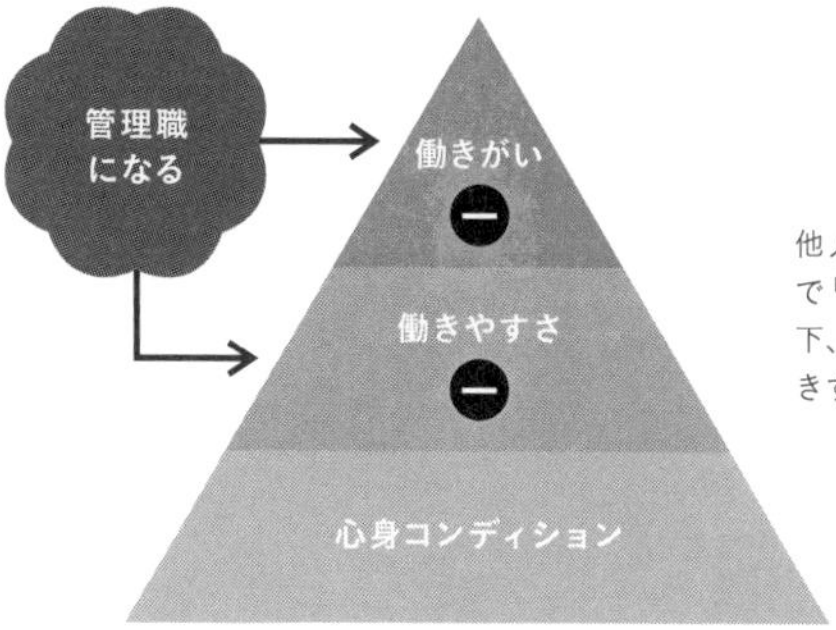

他人の面倒を見ることで「働きやすさ」が低下、自分の仕事に没頭できず「働きがい」が低下

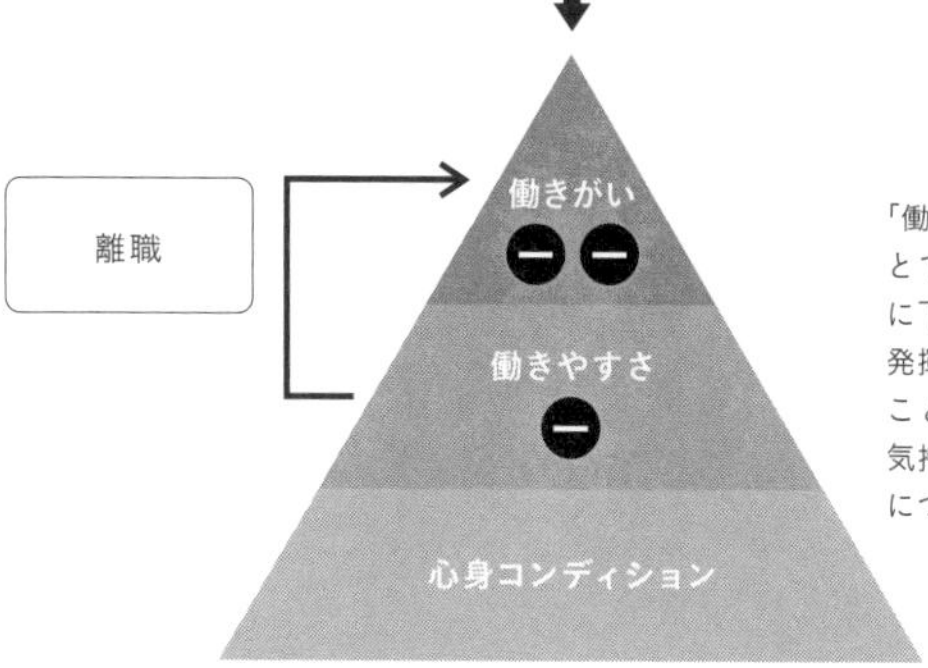

「働きづらさ」が続くことで「働きがい」がさらに下がり、自分の強みが発揮されない、やりたいことができないという気持ちが強くなり、離職につながる

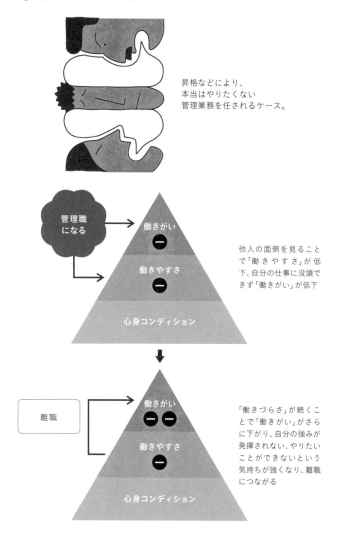

自分の仕事に集中できない状態にストレスを感じ「自分の強みが発揮されない」「やりたいことができない」という焦燥感が生まれ、「自分がやりたいと思うことに没頭できる環境を取り戻したい」と考え始めると離職につながります。

ケース❹の対策

会社としての対策が主となります。

管理職になることで社員が感じられるメリットを増やしたうえで、管理職として成長をしていく「総合職」キャリアパスと、業務のプロを追求する「プロフェッショナル職」キャリアパスの2つを用意し、社員に選ばせるという対策が、ＩＴ企業などを中心に多くの会社で取り入れられつつあります。

管理職になるメリットを増やすためには、業務の裁量権の幅を広めに与えることだけでなく、管理職にとって必要な教育を確実に行い、チーム運営の中で多くの成功体験が得られるようにサポートすることなどが必要となります。

プレイングマネジャーが最近増えていることから、もし会社として管理職にマネジメントを多く求めるのであれば、プレイヤーとしての役割の負荷を適切にコントロールし、マネジメントを考えて実行できるだけの時間確保を可能とする必要があります。

ケース5 石の上に三年もいられません
――配属によるマイナス感情の蓄積――

経理職・Eさん（23歳男性）
ありたい姿や夢を抱く〝キラキラ新入社員〟タイプ

将来的に海外で働くことを希望し商社に入社。2か月の研修を経て、配属先として言い渡されたのが経理部。会社としては経理を知ることでビジネスの全体像を学んでほしいと思っていたのだが、本人としては海外とは直接関係のない部署への所属となったことで「働きがい」を失った。

新しく覚えなくてはならない業務を覚える意欲も湧かず、仕事に必要な知識やスキル取得が進まないことで「働きづらさ」が加速。ストレスと焦りを感じ、配属後3か月でメンタルダウンを起こし、休職に至った。

ケース❺の解説

最近の傾向として、自分がやりたいことが明確にあり、それができなくなると転職を検討するという社員が増えているようです。キャリアビジョンをしっかりと持っているという表現はできますが、キャリアを焦って構築しようとする傾向も強く、長い目で見るとキャリア構築にプラスとなりそうな業務であっても、自身が思い描いていたステップと異なると感じた際の拒否感はかなり強くなります。

「希望した部署ならやりたい仕事ができた」と強く思っている分、違う部署に配属されると、その部署で自分の成長につなげようという気持ちの切り替えができず、「やりたい仕事ができない」とマイナス感情を蓄積させてしまいます。仕事にやりがいが見いだせていないので、「やらされ感」しかなく、そのような気持ちで仕事に取り組むことで毎日のように「働きやすさ」は低下し、メンタルダウンにつながっていきます。

私たちが産業医として職場のみなさんと面談をすることになるのは、「心身コンディション」が低下した段階となります。例えば、遅刻、欠勤などの勤怠の問題から「具合が悪そうだ」と産業医やカウンセラーとの面談になるのですが、そこでいきなり本人から「会社が配属についての希望を聞いてくれなかった！」と主張されることも珍しくありません。

ケース❺ 希望する配属ではない

自身の理想とは異なる
配属・業務を
割り振られるケース。

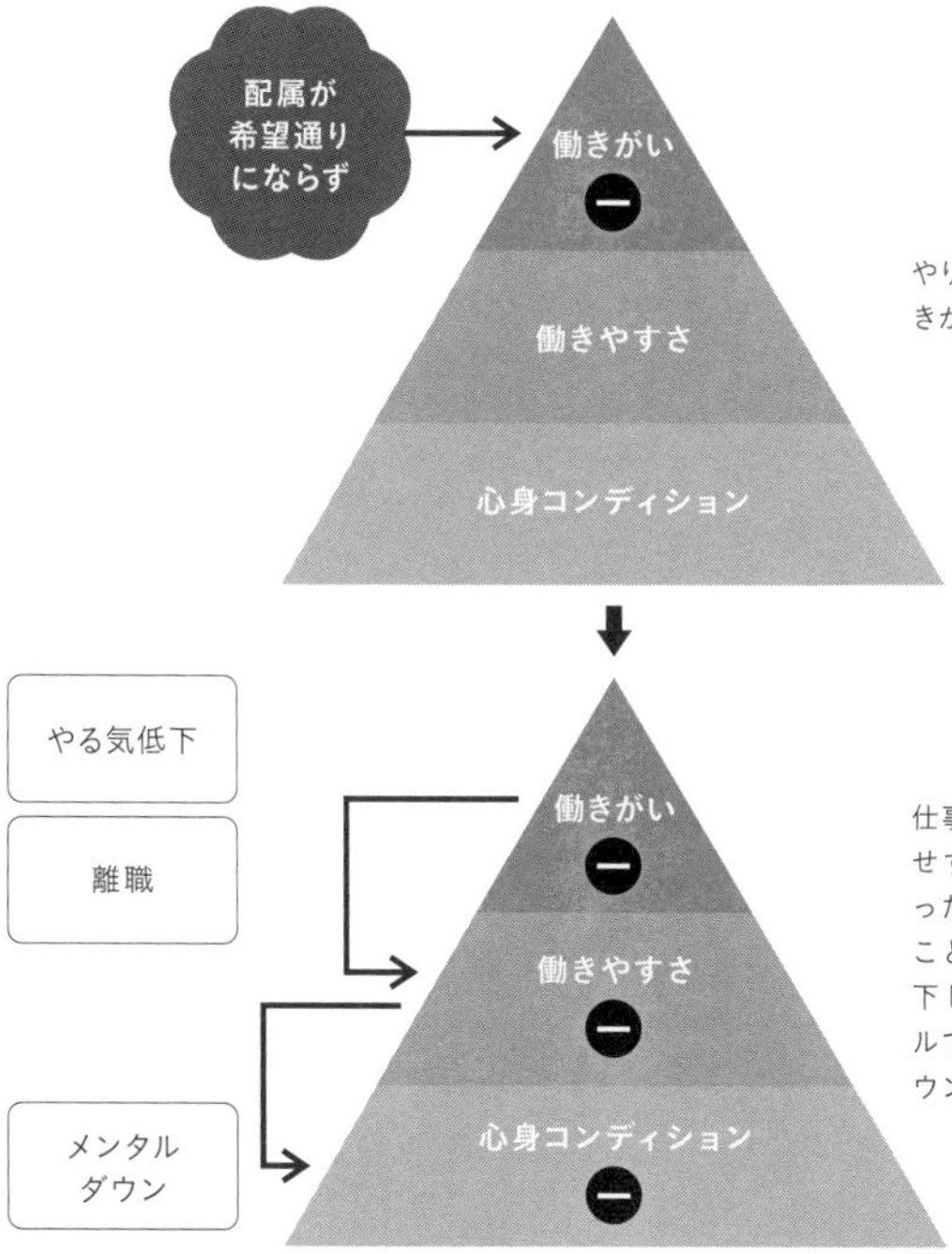

やりたい仕事ができず、「働きがい」が低下

仕事にやりがいが見いだせず、「やらされ」感を持ったまま仕事に取り組むことで「働きやすさ」が低下し、それをコントロールできないとメンタルダウンにつながることも

ケース❺の対策

ケース❹の対策でお伝えしましたが、ＩＴ企業を中心に多くの会社で、キャリアパスを社員に選ばせるという対策が取り入れられつつあります。「キャリア構築に関する社員の考え方の変化に対応できている会社」が急増しているのも事実ですので、他の会社が対応できているのに自社ができていないということになると、社員は対応できている会社を求めて離職しやすくなります。

終身雇用制が崩れつつある現在、「働きやすさ」低下による離職を招きやすい「配属」への配慮は重要な経営課題となります。

会社としては、社員に対して、なぜそこに配属するのか、配属の目的・意味づけを丁寧に説明していくだけでなく、現在担当している業務が社員のキャリアに中長期的に与える価値についても言及するなど、社員のキャリアデザインのサポートを行っていくことが必要となります。会社として社員のキャリア構築を真剣に考えているというメッセージを伝えられるかどうかが、最近の定着戦略の中で有効な手段の一つとなっています。

ケース6 採用→教育の無限ループ
―現場教育によるマイナス感情の蓄積―

営業事務職・Fさん（32歳女性）
丁寧なサポートが評判の〝できるアシスタント〟タイプ

営業部全体の業務を把握していることから、新しいメンバーが入った際の教育係を担当している。教えることはもともと好きなので、後輩の育成にやりがいを感じていた。

しかし、この数年、せっかく教育した後輩が、長続きせずに離職する傾向がある。

最初は、「業務が煩雑かつ責任が大きいから合わなかったのかも」と思っていたが、何度もそれが重なるうちに、教育係であることへの虚しさと、自分のための時間が持てないことへのストレスが溜まり出し、仕事全体へのやる気が落ち、離職を検討している。

ケース6の解説

早期離職の多い会社ではよく起きる事象です。常に新人を教育し続けている職場になってしまい、長期間、現場で教育担当を強いられている社員はマイナス感情を蓄積しやすくなります。

教えることを「働きがい」とする人もいます。しかし、多くの人は自分の仕事を犠牲にして教育のための時間を作ると、「働きやすさ」が減ります。それでも、新メンバーを教育できれば一人あたりの業務負担が適正化されるというメリットを求め、最初のうちは張り切って教育をしますが、長期化していくとマイナス感情が増大し、自身の成長機会の喪失を実感し、「働きがい」にも大きな影響を及ぼします。

「いつまでこんなことをしていればいいのか」「自分はここにいて成長できるのだろうか」と思うようになり、「働きがい」に疑問を持ってしまうと、連鎖的に「働きやすさ」がさらに低下し、ますますマイナス感情は蓄積されてしまいます。

ケース❻の対策

一番の対策は、何度も教育を担当しなければいけない状況をそもそも減らすことです。つまり、定着しやすい会社・部署運営を行うことです。

人員が慢性的に足りない部署では一人当たりの負荷が高いため、教育をした後の定着も

ケース❻　長期間の現場教育担当

離職が多いため、
常に現場教育を
求められているケース。

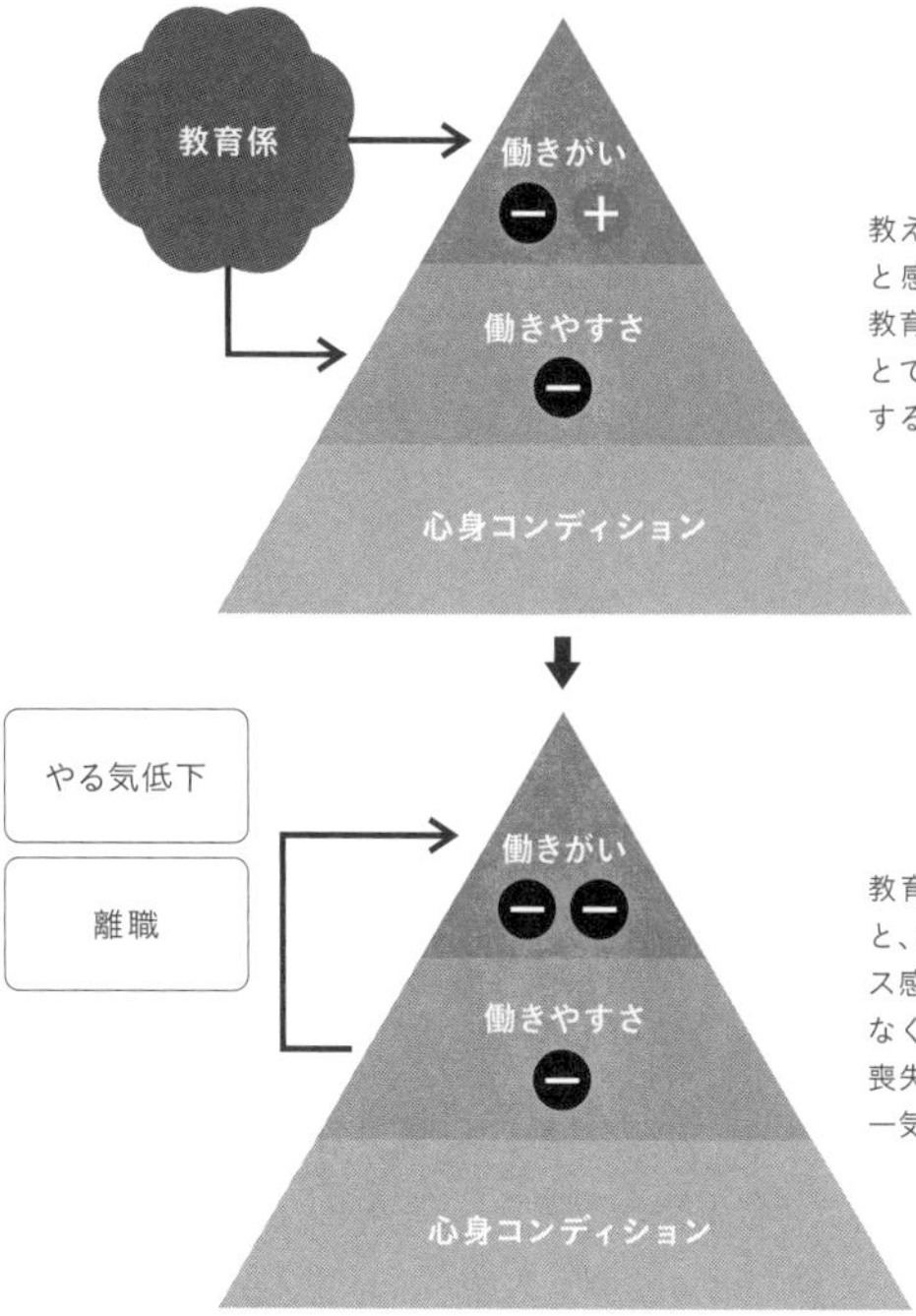

教えることを「働きがい」と感じる人もいる一方、教育に時間がとられることで「働きやすさ」は低下する

教育の期間が長くなると、教えることへのプラス感情がなくなるだけでなく、自身の成長機会の喪失などで「働きがい」も一気に低下していく

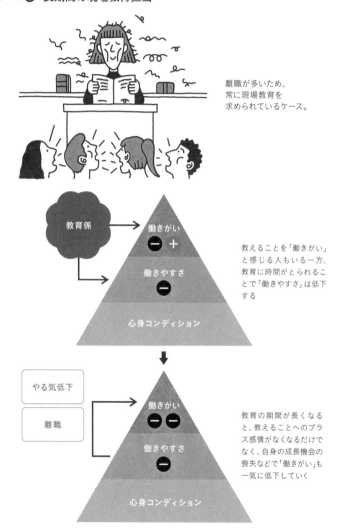

悪くなりやすく、入社→教育→早期離職の負のループが延々と続いてしまいます。どんどん教育して定着していけばそのループから抜け出せると思われがちですが、同時に個人レベルでの業務負荷の適正化などを行い定着しやすい状況にしない限りは、既存の社員の離職も相まって「離職のスピード＞教育のスピード」となってしまうケースが多いです。

また、新メンバー受け入れの際には特定個人への負担が長期的にならないよう配慮し、教育のメイン担当を付けつつも、可能な限り他のメンバーで分担しながら教育するように調整し、個人ではなく部署全体で教育を行っていくという発想も必要になります。

もちろん、一括採用をした際に共通する教育はまとめて人事部門等で行うことで、現場への負担を減らすことも重要です。

現場マネジメントがカギを握る

以上、マイナス感情が蓄積する要因や蓄積に伴う症状（現象）と、対処法を、個人レベルで解説してきました。6ケースそれぞれ対処法はありましたが、マイナス感情の蓄積を低減するための大きな役割となる共通の〝あるもの〟に気づかれたのではないでしょうか。

マイナス感情の蓄積を低減するための大きな役割、それは、現場でのマネジメントです。

現場マネジメントは社員・メンバーの「働きやすさ」や「働きがい」に大きく影響します。ケーススタディーのような状況を早期に発見できるかどうかは、現場のマネジメントにかかっています。

次の３章では組織全体のマネジメントを考えていきますが、その前に、「現場マネジメントにはどのような要素があるのか」を点検しておきましょう。

92ページの「ケース２の対策」で説明したように、現場におけるマネジメントには、主に、「業務管理」「評価」「精神サポート」の３要素があります。優れた上司と言われている人は、この３つをバランスよく高いレベルで実行しています。

とはいえ、多くのマネジャーはプレイングマネジャーであり、なかなかマネジメントに注力する余裕がないという現状もあります。管理職教育にも偏りがあり、特に「精神サポート」のための教育が足りていないという問題もよくみられます。とりわけ多いのは、目的が理解されないままに１ｏｎ１ミーティングが導入されていることです。１ｏｎ１の主な目的は業務管理ではなく、精神サポートを行うことです。しかし１ｏｎ１が機能していない会社・部署を調べると、多くの場合で１ｏｎ１の場で業務指示を行っていることがわかりました。１on１の場で業務管理を行ってしまうと、仮に同時に精神サポートを行ったとしても、部下としては業務管理の印象が強く残るため、精神サポートの効果は大幅に薄らいでしまいます。

現場の上司が部下のココロに興味を持ち、何かしらのマイナス感情が蓄積していることを感知し、精神サポートをすることができればその蓄積度合を減らすことは十分可能です。しかし、マイナス感情の蓄積への対処を現場管理職に一任するのは現実的ではありません。そのため、会社としては、マネジャーが抱える課題を理解し、現場マネジャーが効果の高いマネジメントに取組めるよう、

◉管理職がマネジメントに割ける時間を増やすこと
◉精神サポートの知識やスキルを管理職教育に入れ込むこと
◉１on１の目的を本来の精神サポートに絞り込むこと

に取り組んでみてください。

「人材流出」と向き合う

離職は〝最適化〟すべきもの

これまで、6つのケースを用いて、①マイナス感情が蓄積すると、どのようにココロに作用し、やる気の低下、離職、メンタルダウンといった現象につながってしまうのか、②蓄積による現象を深刻化させないためにどんな対策ができるのかを見てきました。

2章の最後は、経営にとって特にやっかいな問題「人材流出」に更に焦点を当てて掘り下げていきます。

人材流出、つまり離職や心身の不調による離脱がどのように起こり、組織にとってどのような影響を与えるのか。その原因を分析し、対処法を考えていきましょう。

「離職」はすべて悪でしょうか？　この質問に対する私の考えは「ＮＯ」です。

私は、離職のすべてが経営にとって悪材料であるとは考えていません。離職にはいくつかパターンがあります。その中には、本人にとっても組織にとっても良い結果を生む離職もあります。組織活性を保つことを目指し、**予防すべき離職と、放置もしくは促すべき離職とをしっかりと戦略的に設定しながら取り組みを行っていくこと**、それを私は「離職最適化」と呼んでいます。

離職がもたらす悪影響スパイラル

「人材流出」は経営にとって特にやっかいな問題である、と書きました。なぜ離職が経営にとって大きなマイナスになるのでしょうか。

第一に、当然のことながら、離職によって組織の生産性が低下します。人数が減れば、その分だけ業績が落ち込んでしまう可能性があります。もちろん追加コストもかかります。採用コストが上昇し、育てるための費用と時間も増えてしまいます。

さらに恐ろしいのは、マイナス感情のスパイラルです。人数が減れば、生産性を維持するために労働時間が増えていきます。個人の「働きやすさ」低下だけでなく、組織全体で

「働きやすさ」が低下していきます。すると、「心身コンディション」を悪化させる人が出てきたり、「働きがい」が失われて離職する人がさらに出てきてしまう可能性があります。

また、「働きがい」が低下すると、優秀な人から離職していくので、チームとしての能力低下、組織としての戦略面での低下（新しい発想が出てこない、など）も起こりやすく、「働きがい」や「働きやすさ」を失っていくことで離職や離脱が繰り返される負のスパイラルに入ってしまいます。

ここまでいくと、業務継続性を脅かす可能性も出てきます。実際、離職・離脱による混乱で、規模の縮小や、事業推進を断念せざるを得なくなる危機に直面する会社もあります。

人員が減っていくと、採用でも悪影響が出てきます。とにかく人が欲しいので、採用時の見極めが緩くなり、採用ミスマッチが起こりやすくなります。採用する人の労働価値と、会社が提供できる価値のギャップがあり、マイナス感情が発生、蓄積しやすくなってしまいます。ミスマッチで採用された人は、そもそも離職・離脱しやすいだけでなく、場合によっては組織内で労務トラブルなども起こしやすく、疲弊した現場に投入されても定着率が良くならないどころか、むしろ余計な労力が費やされてしまう可能性すらあります。

離職をすべて同じに捉えていないか？

離職や心身の不調による離脱といった「人材流出」をどうにかしたいと考えている場合、離職をすべて同じに捉えることからまず脱する必要があります。

一口に離職といっても、いくつかのタイプがあり、私は5つのタイプに分けています。

個人活性3要素が影響する離職

- **積極的離職：**自分の希望を叶えるための離職
- **消極的離職：**今の環境から逃れるための離職
- **離脱：**心身の健康の悪化で働けなくなること

その他の離職

- **自己都合：**家族の転勤、出産育児などライフイベントによる離職
- **会社要因：**解雇、退職勧奨、整理解雇による離職

離職の多くが、活性3要素から起こる3つのタイプ「積極的離職・消極的離職・離脱」で占められています。

個人活性3要素と離職タイプの関係

個人活性3要素と離職タイプの関係をまとめると、次のように整理できます。

● **積極的離職**：「働きがい」が傷んでくると、発生リスクが増加。さらなるやりがいを求めて次の会社に「ステップアップ」していくという離職。

● **消極的離職**：「働きやすさ」が低下していくと、発生リスクが増加。「もうこの職場では働きたくない」という「現状からの回避」としての離職。

● **離脱**：「心身コンディション」の悪化が起きると、発生リスクが増加。メンタルダウンや身体疾患などにより休職や退職せざるを得なくなること。

どの要素が落ち込むとどういった離職が発生しやすくなる、という指標にしてください。

活性3要素から見る離職パターン

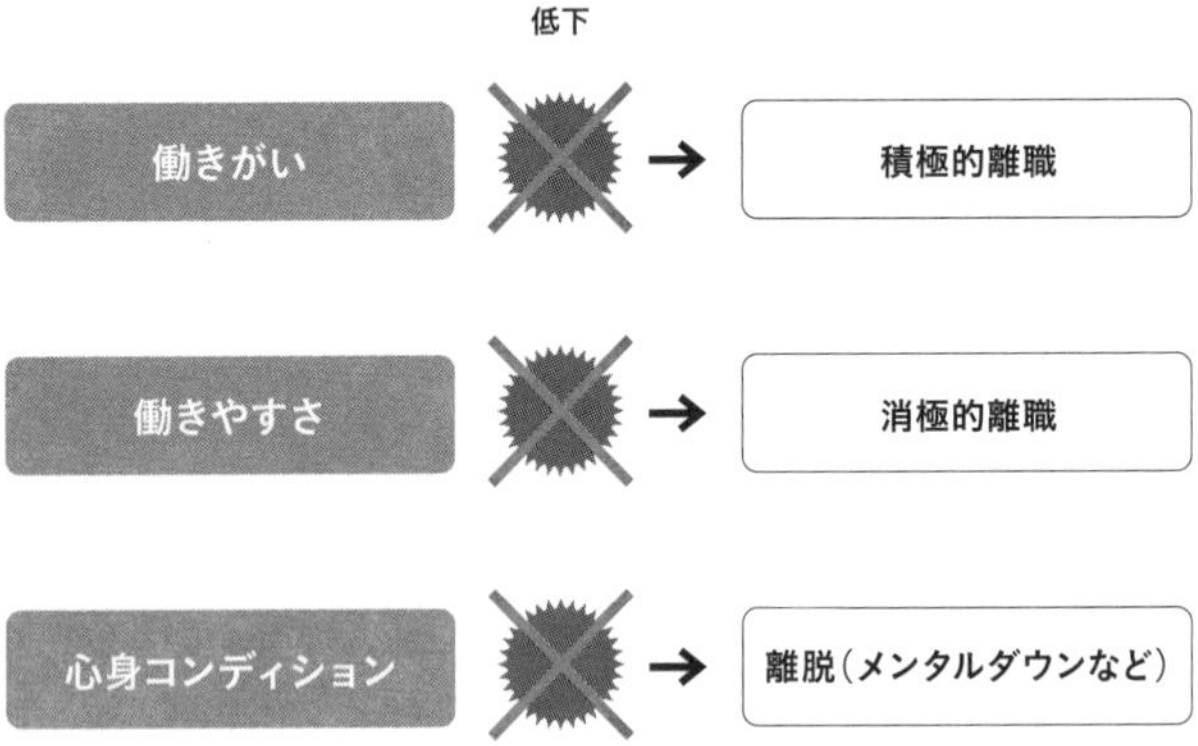

また現在、「離職」に悩んでいる場合には、今起きている離職がどのタイプなのか見極められることが、離職対策をするうえで重要なプロセスです。

個人活性別、離職タイプ傾向分析

もう少し離職のタイプを掘り下げてみましょう。もし離職経験がある場合は、自分の経験に当てはめて考えていただくとわかりやすいです。離職経験がない場合は、あなたが知っている離職経験者（特定の社員、部下、家族など周囲の人）を思い浮かべてみてください。

例❶ 高給を求めて転職してきたが、評価基準が厳しくなり昇給しづらくなった。

当初は好待遇で迎えられたものの、その後の社内の事情や社会情勢の変化などで評価基準が変わっていき、昇給が頭打ちになってしまったケース。「このままここに留まっていても、将来が見えない」と感じた優秀な人材ほど、素早く行動を起こします。個人レベルでは「働きがい」が低下したと感じることでギャップが生じて離職する可能性が出てきます。典型的な「積極的離職」です。

例❷ 社会的交流性を求めて働いているのに、在宅勤務が主となる業務に変わってしまった。

人との直接交流がしたいと思って働いている人は多くいます。その中で、働き方改革の一つとして在宅勤務を会社が積極的に採用した結果、直接交流がなくなり、求めていた職場ではないと感じていきます。例1と同じく、「働きがい」が低下し「積極的離職」が起こりやすくなります。

例❸ 成長したいが、会社のスタンスが「業務は先輩から盗んで学ぶもの！」であり、教育制度がなく、いつまでも成長している感覚が得られず、不満だ。

最低限の新人研修のみで、あとは現場に配属されて、多忙な日々を送っているうちに、自分のスキルがあまり向上していないと感じて焦ることはよく聞く話です。これに会社側で応える仕組みがあればいいのですが、「先輩から盗め」と突き放されたり、外部教育機関や資格制度を紹介されるだけだとすれば、不満や不安といったマイナス感情が蓄積します。例1、2と同じく、高い向上心を満たしてくれない組織では、「働きがい」が低下し「積極的離職」が起こりやすいです。

例❹ 急遽、父親が介護を必要とする状況となったが、会社には介護休暇などの制度はなく、忙しい業務をこなさなくてはならない。

これまでは、こうした事情は「自己都合」として、会社は見て見ぬフリをしてきたかもしれませんが、今の時代には、とても大きな経営のテーマになってきています。労働価値のミクロシフトが起こったことに会社が対応できないと、「働きやすさ」が低下してしまい、「消極的離職」へつながっていく可能性が出てきます。

なお、個人レベルではミクロシフトですが、核家族化や高齢化の影響でこのタイプのミクロシフトの発生リスクは社会的に急増し、マクロシフトとも呼べる状況になっており、こうした人たちの「働きやすさ」を向上させようと対策を講じている会社も増えています。

例❺ 身体があまり強くないので、ゆっくり働ける条件だと聞いて入社したが、入ったらとても忙しく、体調的に厳しいと感じる。

採用に苦戦している会社側が、忙しい業務環境であるにもかかわらず、現状とは異なる説明で働きやすさをアピールした際に起こるミスマッチです。体力的に不安のある方や病気を持っている方は、「働きやすさ」を必然的に重要視しています。厳しい環境の中で「心身コンディション」が低下していくと、体調不良から休みがちになり、「離脱」や「消極的離職」につながりやすくなります。

例❻ コンサルティングファームでたくさんの事例を経験し、会社には満足しているが、自分で事業が行いたくなってきた。

コンサルティングファームでの勤務の中でさまざまな経営者と接することで、コンサルタントとしてサポートするのではなく、自分でも事業をやりたいと感じるような事例はよくあります。今の「働きがい」が低下しているのではなく、会社以外の場所により大きな「働きがい」が存在していることで、その比較により「積極的離職」が発生します。

では、改めて聞きます。「離職」はすべて悪でしょうか？

活性・離職タイプ分析

事例	低下する 個人活性 3要素	予想される 離職
高給を求めて転職してきたが、 評価基準が厳しくなり 昇給しづらくなった	働きがい	積極的離職
社会的交流性を求めて 働いているのにもかかわらず、 在宅勤務が主となる業務体系に 変わってしまった	働きがい	積極的離職
成長したいのだが、会社のスタンスが 「業務は先輩から盗んで学ぶもの！」 であり、教育制度がなく、 いつまで経っても成長している 感覚がなく、不満だ	働きがい	積極的離職
急遽、父親が介護を必要とする状況と なったのだが、会社には介護休暇 などの制度はなく、忙しい業務を こなさなくてはならない	働きやすさ	消極的離職
身体があまり強くないので、 ゆっくり働ける条件だと聞いて 入社したが、入ったらとても忙しく、 体調的に厳しいと感じる	心身 コンディション	離脱
コンサルティングファームで たくさんの事例を経験し、 会社には満足しているが、 自分で事業が行いたくなってきた	働きがい	積極的離職

離職はすべて悪か？

積極的離職でも消極的離職でも、離職した個人が、次に理想的な職場に出会えるのであれば、それはそれで良いことです。労働価値を満たす方法が離職のほかに見いだせなかった場合は、やむをえないことでしょう。

一方、会社にとってはどうでしょうか？　人材がそもそもいないと会社は経営していけないことは事実です。しかし、ある程度人材の流動性がなければ会社の活性は停滞していくことも考えられます。

例えば、「会社に不満があっても、居心地はそれほど悪くないから居続ける」「会社は好きじゃないけどやりたい仕事はできているからマシ」「給料のため」そんな風に感じながら働いている社員もいるのではないでしょうか。私は、これらを総称し「消極的定着」（ぶら下がり）と呼んでいます。消極的定着に陥った際には、どんなに会社が良い環境を提供したとしても、なかなか本人のモチベーションを上げることは困難です。

私は離職がすべて「悪いこと」だとは考えていません。

ただし、「誰が」離職しているのか？　その人が「どんな」離職をしているのか？　そこ

離職はすべて悪か？

◉水に流れがないと企業は回らない

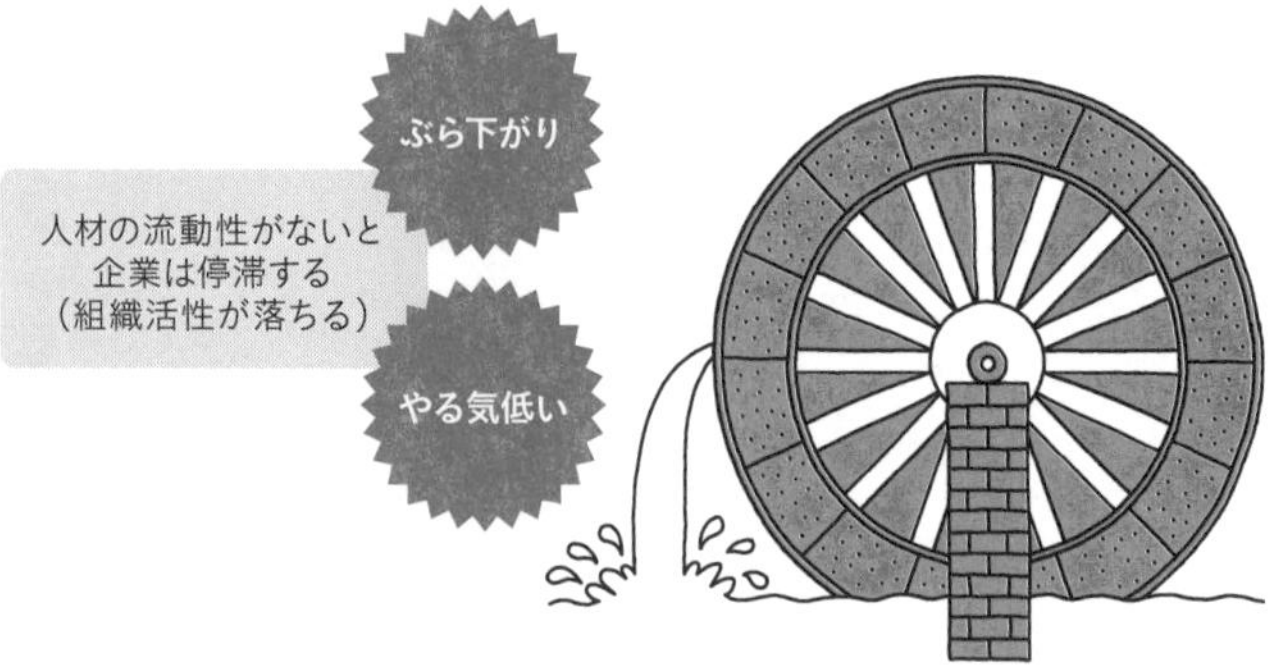
ぶら下がり
人材の流動性がないと
企業は停滞する
（組織活性が落ちる）
やる気低い

に離職対策を打つ際のキーがあると考えています。これについては第2部（第4・5章）で詳しくご説明します。

離職の中でも、心身コンディションの低下による離脱やその前段階で起こる消極的離職は、会社としては見過ごせない問題となっています。

離職対策をするように、と指示を受けている人事担当の方は、同時にメンタル不調者の発生についても対策を練らなくてはいけなくなっていることでしょう。

それについては、私は常に離職とメンタル不調は同時に取り組めるということを提唱しています。

離職とメンタル不調は同時に取り組める

これは、「新卒者の早期離職」を例にとるとわかりやすいです。

まず、学生から社会人になることが大きな変化となります。しかも、変化は重なっていきます。引っ越しをしたり、慣れない土地で一人暮らしを始めたり、家族や友人と顔を合わせる時間もない、早起きしなければならない、スーツを着なければならない、仕事では知らないことばかり……。このような変化がストレスとなります。

入社した後に気がつく「理想と現実の違い」も大きなストレスになります。学生時代には見えなかった現実を知り、「こんなはずではなかった」と感じることは多々あるでしょうが、そこにあまりも大きな違いがあると、学生時代に想定していた夢や働く目的と、実際に社会人になって日々過ごすうえで大切にしたいことがズレていき、『労働価値のミクロシフト』が起こります。

１０３ページのケース５がまさにその例です。「商社に入って世界を股にかけて働くぞ！」などと意気込んで入社したにもかかわらず、現実は、日本のしかも経理部で数字とにらめっこだったら、落胆は容易に想像がつきます。（ちなみに、私が上司だったら「石の上にも三年」と言ってしまいそうですが……私の世代の労働価値、今の世代の労働価値は異なるかもしれませんので押し付けはＮＧです）

自分が描いていた「働く姿」と現実とのギャップにより、入社早々に、「働きがい」が低下していきます。「こんなことを自分はしたくて入ったわけではない」という気持ちから、マイナス感情が蓄積し、周囲の先輩や同僚との人間関係などについても不満が生じ、「働きやすさ」が低下します。

この段階で、「働きがい」の低下から「積極的離職」をする人や、「働きやすさ」の低下から「消極的離職」をする人が出てきます。

これまで新卒者の早期離職の多くは「働きやすさ」の低下による「消極的離職」や「心身コンディション」の低下による「離脱」でしたが、このところは、理想と現実のギャップから、「働きがい」の低下による「積極的離職」も増えています。

また、メンタルダウンによる離脱が起きたとき、その過程を辿ってみると、新卒早期離職のもう一つの側面が明らかになります。それが教育現場における理不尽経験の減少による、ストレス耐性の低下傾向です。ストレス耐性とは簡単に定義すると、ストレスを感じ

新卒の早期離職が発生しやすい理由

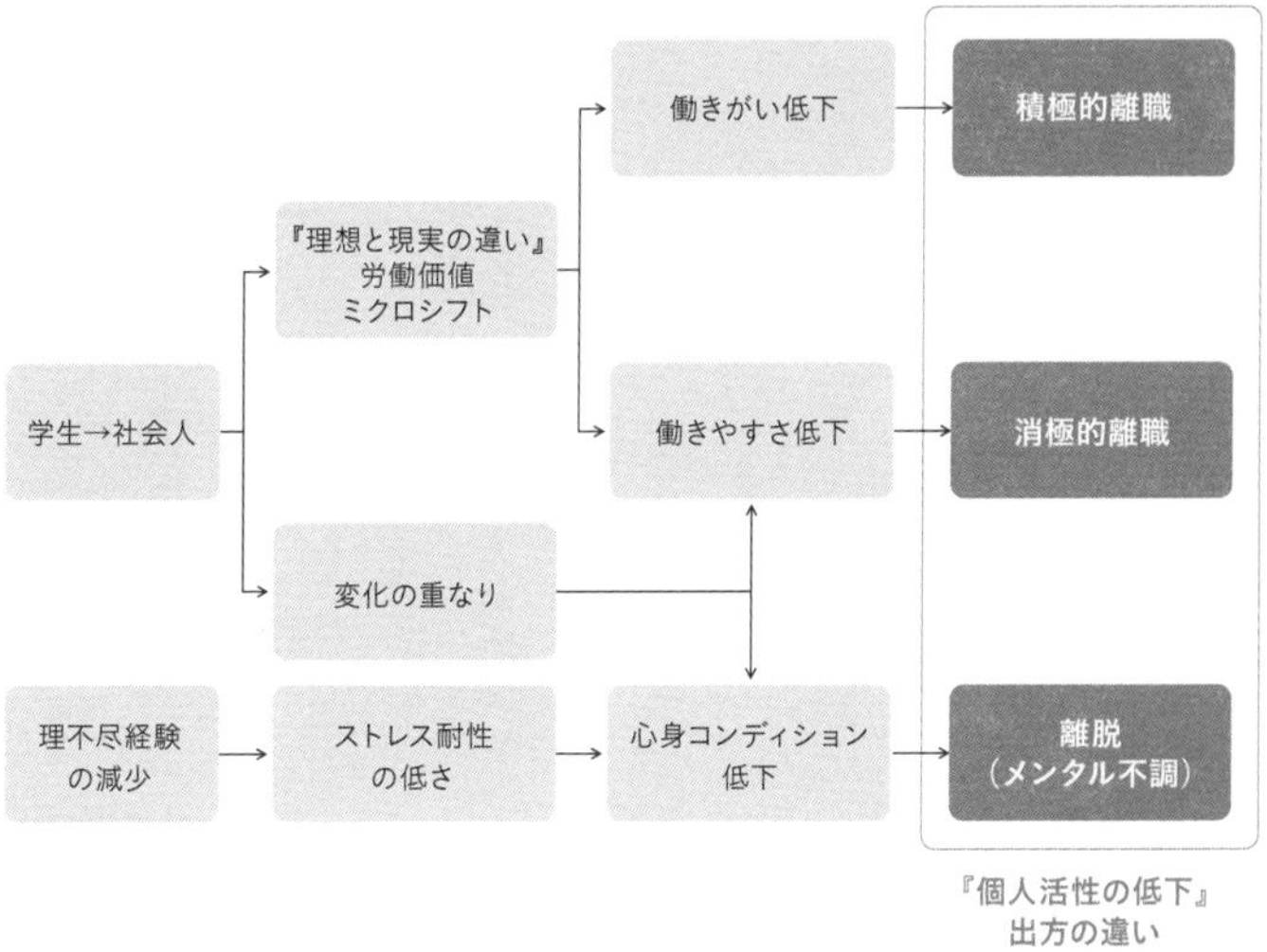

やすいかどうか、もしくは感じたときに影響が出やすいかどうかの傾向のことです。この十年ほど、理不尽経験をしてこなかった学生が社会人になった瞬間から理不尽を味わうこととなり、「働きづらさ」から「心身コンディション」の悪化での「離脱」を起こすケースが多いです。

マイナス感情の蓄積でスタートし、「積極的離職」「消極的離職」「離脱」が結果として出ていると考えると、**離職とメンタルダウンは個人活性の低下の出方の違いでしかない**ことがわかるかと思います。

このように、マイナス感情の蓄積は、個

人活性3要素（心身コンディション・働きやすさ・働きがい）に作用し、その結果離職やメンタルダウン、やる気の低下といった個人活性の低下が引き起こされます。個人レベルの問題であれば会社への影響は限定的ですが、場合によっては病が伝染するかのごとく周囲のマイナス感情にも影響を及ぼし、やがて〝組織課題〟として浮き上がってきます。この伝染については続く第3章で詳述します。

蓄積による現象を深刻化させないためには、まず何が原因となり現象を引き起こしているかを根本から理解する必要があります。それは、業務負荷・人間関係など細かい要因へのアプローチをしなさいということではありません。個人活性3要素のどこが傷み、それゆえにどの要素に影響し、現象がもたらされたのかという「マイナス感情の蓄積プロセス」を理解することです。

それが、対策の具体案や優先順位を明確にすることにつながります。そして、離職やメンタルダウン、やる気の低下といった会社を悩ませる現象を低減させるだけでなく、会社と社員のココロに溝を生んでいる空ぶり施策からも遠ざけるのです。

コラム

メンタルヘルス対策は「順番」が重要

これまで長年、産業医として多くの会社でメンタルヘルス対策のサポートをしてきました。その中で、対策を考えている担当者に必ずするお話があります。それは、『メンタルヘルス対策は必ず順番通りに取り組む』ということです。ステップは3つあります。

❶メンタル不調者対応
❷メンタル不調者早期発見／早期対応
❸メンタル不調者発生予防

ステップ❶　メンタル不調者対応

最初に行うのが、実際に不調者が発生した際の対応がしっかりとできるように会社体制を強化することです。具体的に言うと、不調者発生（疑いも含める）が現場から報告された際に、誰がどのような方法で当該社員の状態を把握するのか、クリニック受診が必要と考えられる際にどのように本人にアプローチするか、休職が必要となった場合に必要な書類はそろっているか、休職中はどのように定期的な連絡を取るか、復職判定をどのように行い、復職後のフォローをどのくらいの期間行うのか、などが挙げられます。主に人事労務担当者が関係する領域となりますが、産業医などの外部のプロのサポートが必要です。私自身が産業医であるだけでなく、多くの産業医を育ててもいますが、その中の実感として、産業医の能力差は想像以上に大きく、対応結果にも明確に表れています。最低限の面談対応のみの産業医も存在する一方で、労務トラブルへの助言や、現場でのコミュニケーションエラーの解決法の提示などを行う産業医も存在します。できる産業医と関わり合うことは、会社にとって数千万円レベルの価値に繋がることもあります。

ステップ❷　メンタル不調者早期発見／早期対応

次に取り組むのが、現場での不調者早期発見および早期対応を促進することです。必要なことは大きく分けて2つ。1つは不調者を現場で見つけるための面談ツールや報告ルールを作り管理職に周知すること、もう1つはメンタル不調者の状態を現場で把握するための教育を管理職に行うことです。ラインケア研修などがそれに該当しますが、「実施すること」自体を目的とし、効果をしっかりと想定して実施されていない研修も多いのが実情です。ラインケア研修はとても重要な教育であり、管理職の時間的コストも多く投資されることから、価格などの表面的な部分だけで選ぶのは、お金の無駄遣いにしかなりません。

ステップ❸　メンタル不調者発生予防

最後に取り組むのが、メンタル不調者発生を予防することです。「マイナス感情の蓄積」が働きがい、働きやすさなどに起こり、それが心身コンディションに影響して起こるのが、抑うつや適応障害などの言葉で表現される『メンタルダウン』であり、多くの会社が減らそうとしているタイプのメンタル不調となります。メンタルダウンを減らすには、働きやすさや働きがいへのマイナス感情の蓄積を予防し、心身コンディションへの影響を減らすこと。つまり、メンタル不調の発生予防と離職対策は、マイナス感情の蓄積を減らすという共通のアプローチとなり、同時に進めることが可能です。

「予防」や「早期発見」から目が行きがちなメンタルヘルス対策ですが、なぜ「不調者対応」のための会社体制強化を最優先に行う必要があるのでしょうか。それは、その順番が最も安全かつ効率的であるからです。

例えば、早期発見を一番に取り組んでしまった場合、不調疑いの社員についての相談や報告が担当者に多く寄せられることが想定されます。不調者対応の体制が整っていれば、決められた流れに沿って対応できますが、整っていない場合には、担当者が個別の案件ごとに対応を決めていかなければならなくなります。担当者の業務がパンクし、早期発見できた不調疑いの社員の状態を悪化させてしまうリスクもあります。

一方、「予防ができてしまえば、対応や早期発見の必要もなくなるだろう」という意見もありますが、残念ながらそう簡単には進みません。メンタル不調者の発生原因はさまざまです。発生傾向を把握できてはじめて予防が可能となります。すでに発生しているメンタル不調者、および潜在的な不調疑いの社員の状態・原因がしっかり調査されていない中で予防に取り組もうとしても、的外れの予防策になってしまう可能性がとても高いです。

以上のことから、早期発見よりも対応体制の整備を優先する必要があり、予防はそれら2つのステップが有効となったあとにようやく取り組めるステップとなります。

2章のまとめ

- マイナス感情の発生対象は、「個人活性3要素」心身コンディション・働きやすさ・働きがいの3つに分けられる。これらの3要素は人が活き活き働けるかどうかを決めている。
- 個人活性3要素はピラミッド構造。根底にある心身コンディションがグラつくと、働きやすさ、働きがいも崩れるように、1つがダメージを負うと他の要素も影響を受ける。
- マイナス感情が蓄積し、個人活性3要素のバランスが崩れると、離職やメンタルダウン、やる気の低下などの問題が起きる。それは周囲のマイナス感情にも影響を及ぼす。
- 蓄積による問題を深刻化させないためには、個人活性3要素のどこが傷み、他の要素にどのように影響し、問題がもたらされたのか、蓄積プロセスを理解することが重要。
- すべての離職が悪いわけではない。心身コンディションの低下による「離脱」やその前段階で起こる「消極的離職」は見過ごしてはならないが、これらは同時に対応できる。

第3章

マイナス感情の伝染メカニズム

個人から組織への伝染

組織の活性度を決める3要素

序章では、「マイナス感情は個人のココロで発生し（感染）、それが離職やメンタル不調、やる気の低下といった個人活性低下の症状となり（発症）、やがて周りの人や組織全体に影響していく（伝染）」というお話をしました。そして、1章ではマイナス感情はどうして発生するのか、〝発生〟のメカニズムを具体的に解剖。2章では、そのマイナス感情が蓄積していくとどのように個人活性に影響し、離職や不調などが引き起こされるのか、またそれらの症状を深刻化させないためにどのような対策ができるのかを見てきました。感染→発症のプロセスは理解していただけたかと思います。

3章からは、**〝伝染〟**に注目し、組織全体の活性について考えていきます。

組織活性はどこから生まれる?

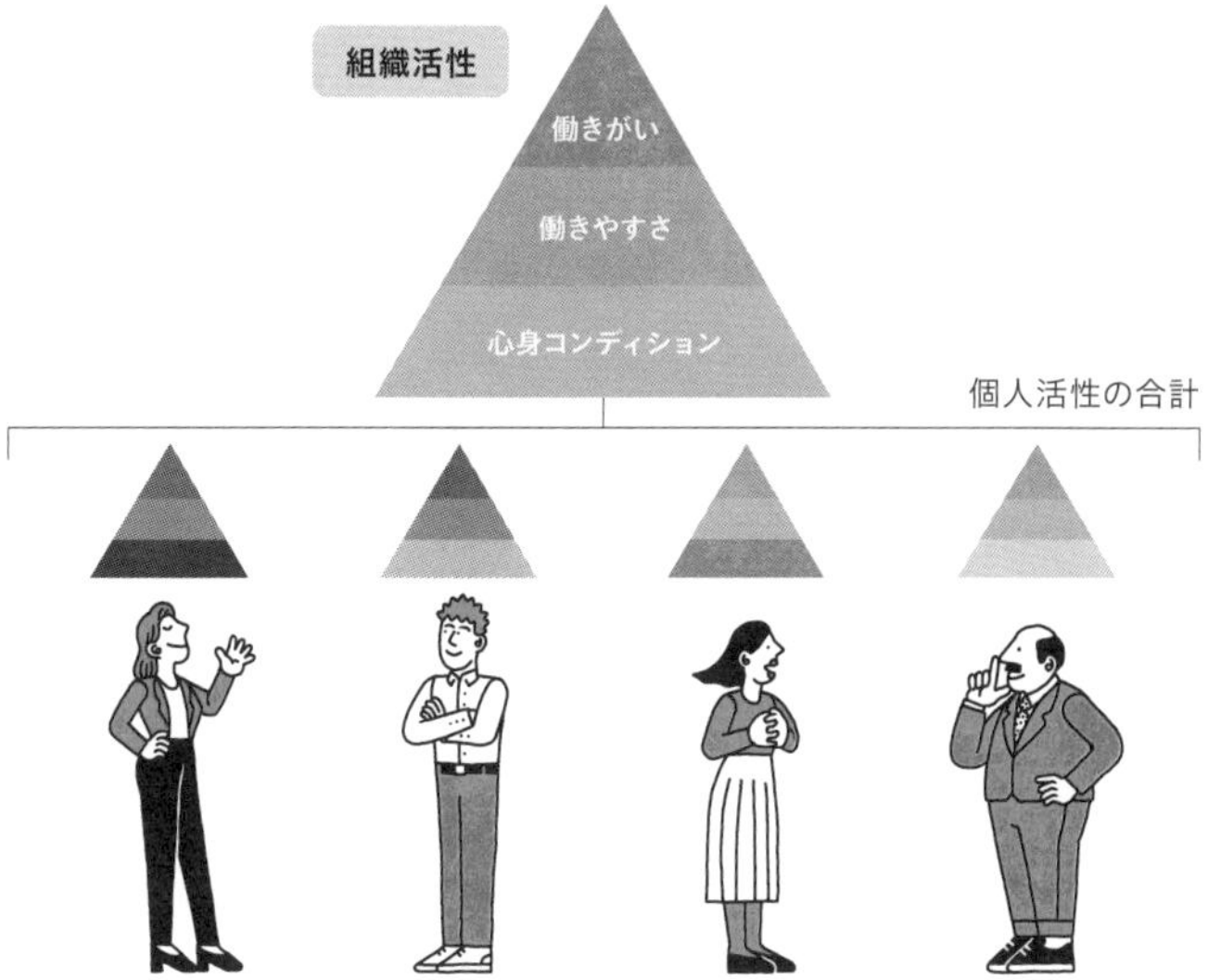

組織活性とよく耳にしますが、それはどこから生まれるのでしょうか。

組織活性は個人活性の集合体であるため、個人活性同様、「心身コンディション」「働きやすさ」「働きがい」の3要素によるピラミッドで成り立っていると考えています。会社や部署、チーム、それぞれの集団でそもそもどのくらいマイナス感情を蓄積させている個人がいるのか、その個人に蓄積しているマイナス感情がどのくらい多いのか、それらが合わさってそのまま組織の活性度合に影響します。組織活性＝個人活性の集合体、と捉えると非常にシンプルです。

個人活性と構造が同様ですので、一番

下の「心身コンディション」は土台です。家でいう基礎でしたね。「心身コンディション」がグラつくと、「働きやすさ」や「働きがい」にも悪い影響を与えます。その逆もあり、「働きやすさ」や「働きがい」が乏しい場合でも、「心身コンディション」が悪化することもあります。相互に影響し合うからこそバランスが重要、というのも個人活性と同じです。

組織内での伝染は避けられない

組織活性には個人活性と異なる点が二つあります。

一つ目は、**個人の影響力の強さ**です。個人で発生したマイナス感情の蓄積が組織内で感染症のように広がり、組織活性全体に影響を与える、ということです。

二つ目は、**対処の難しさ**です。個人活性だけで考えた場合、対処したい相手は明確なことから、ピンポイントでどう対応したら良いか考えられます。しかし、組織活性という広い視点で見た場合においては、誰かの個人活性を上げようとすると、組織内の他のメンバーに不公平感や怒りといったマイナス感情を生じさせ、結果他のメンバーの個人活性を引き下げてしまうリスクがある、ということです。

この二つの特徴が、組織活性への取り組みをするうえで大事なポイントとなります。メンタルダウンを例にとって考えてみましょう。

ある部署では、メンバーの一人がプライベートな要因でストレスを抱えており、その結果メンタルダウンを引き起こし休職しています。当然その人が担当していた業務は、他のメンバーがフォローをすることとなります。自分が担当している業務に追加して、休職しているメンバーの業務を巻き取ることで、業務負荷が増えて、疲れ、妬み、怒りといったマイナス感情が生じます。フォローする期間が長くなるにつれて、そのマイナス感情がどんどん蓄積し、「なぜ自分がこんな苦労をしなければならないのか」という思いが強くなり、働きづらさが悪化します。

この現象は、メンタル不調による休職だけでなく、復職のプロセスでも顕著に起こります。復帰してからしばらくの間は、上司を含めた周りのメンバーのサポートの中で、少しずつ平常運転に向けて負荷を増やしていくことが多いためです。その過程で、復帰した本人が周りからの配慮への感謝を全く示さなかったり、配慮をあたかも当然の権利のごとく強く主張したり、また、いつまでも平常運転に戻せない状況が続いたりすると、組織内でのマイナス感情が蓄積し続け、組織活性の「働きやすさ」が低下し、復職のプロセスを監督している人事担当者に対してクレームが入ることもあります。特定のメンバーの個人活性

（この例で言うと、「心身コンディション」と「働きやすさ」）のケアが、集団全体の組織活性（「働きやすさ」）を落としてしまう結果となった例です。

一人の個人活性の低下が他の人に悪影響を及ぼしていく。一人を救うための新たな施策によって、これまでそれほど個人活性の低下が目立っていなかった人たちにも、大きな影響が出てしまう……など、組織活性を考えるうえでは、マイナス感情の「伝染」に十分な注意が必要となります。

このように、個人活性と違い、組織活性は**伝染の影響力**を考える必要があります。

伝染とはつまり、周りのメンバーにマイナス感情が影響し、連鎖反応が起こりやすくなることです。その結果、会社が「離職」「メンタル不調」「生産性の低下」といった表面化した組織課題に意識を向けたころには、すでに事態は対処が難しい状況に至っているのです。

伝染は離職にも影響する

「離職」は経営に大きなインパクトを与えます。組織という大きい枠組みで考えた際にも、離職パターンが存在します。2章で、離職のタイプは5つあるというお話をしましたが覚えていますか？　そして、6つの事例を用いて、個人活性3要素のどこに影響があると、どういった離職が発生しやすいのかを深掘りしました。内容を振り返りたい場合は、2章の116ページ「離職をすべて同じに捉えていないか？」を再度読んでみてください。離職と一言で言っても離職には種類があるということは2章で述べた通りですが、組織で考えた場合には、特に次の3タイプに注意が必要です。

- **積極的離職**：自分の希望を叶えるための離職
- **消極的離職**：今の環境から逃れるための離職
- **離脱**：心身の健康の悪化で働けなくなること

離職対策を考えるとき、多くの会社は「今ある人材をいかに定着させるか？」を考えがちです。しかし今起きている離職が、流していい離職なのか、止めるべき離職なのか、そもそも止められる離職なのかを判断せずに施策を講じる傾向があります。

私は離職がすべて「悪いこと」だとは考えていません。それは、会社にとって、離職以上に深刻な状態があると考えているからです。

社員のための施策が「ぶら下がり化」を招く

会社にとって離職以上に深刻な状態、それは、**「消極的定着」**です。会社に不満はあるけれども転職しない・できない人たち(面倒くさい・他に移れるほどの実力がない等)による消極的定着、いわゆる「ぶら下がり」です。

こんな感じで働いている人はいませんか?

「会社は好きじゃない。でも転職してまでも環境を変えたいわけじゃない」
「会社も仕事もどうでもいいけど、人間関係や給与には不満がない」
「お金のために8時間を犠牲にしていると思えば我慢、我慢……」

これは「働きがい」が低下した場合に起きやすくなります。
「今年は離職者がほとんど出なかった」「直近で辞めそうな社員はいないはず」と安心していませんか? 離職がなくとも注意が必要です。つまり、単に離職できない人々が、不満を抱えたまま居続けているかもしれないのです。ぶら下がり人材が増えていけば、モチベーションが高く優秀だった人材にまで悪影響を及ぼし、組織活性にとって大きなマイナスとなります。

近年は、離職を防ぐ目的で「働きやすさ」を改善する施策を導入している会社が多く見受けられます。ところが、もし、積極的離職が起きている組織ならどうでしょうか。いくら「働きやすさ」を改善させても離職は防げません。なぜならば、積極的離職は「働きがい」が失われたことで起こるため、「働きやすさ」を上げたところで、予防にはつながらないからです。それどころ、「働きやすさ」が増すことによる副作用として、〝「働きがい」がなくても「働きやすさ」があるのであれば、会社に多少不満があったとしても、このまま居続けよう〟という消極的定着＝ぶら下がりが増加していきます。

その結果、組織活性が低迷しはじめ、**「離職対策として導入した施策によって、ますます会社がダメになっていく」**という不思議な現象が起こってしまいます。

代表的な例として、テレワークやフレックス制があります。それらは「働きやすさ」改善の施策として導入され、一般的には社員からは喜ばれ、働きやすい職場になったと多くの人からプラスの出来事として捉えられます。確かに、それらの施策の結果、「働きやすさ」が一時的に上がり、場合によっては「働きやすい会社」として認識されることで採用にも有利に働くかもしれません。

しかし、時間が経ってそれが当たり前になってくると、社員の当然の権利であるかのような捉えられ方に変わり、問題が生じます。例えば、直接交流でアイデアを出すためオフィスにて参加するよう決められたチームミーティングであっても、リモートでの実施を主張し始め、直接会話が発生しづらい状況を作り、組織内の雰囲気が悪化することがあります。そのような組織では、「働きがい」を優先する優秀な人材が積極的離職していき、「働きがい」よりも「働きやすさ」を求めて働く社員が定着してしまうことで、組織全体の活性が落ちてしまうことがあります。

仕事に対して前向きに取り組んでいる人の多くは、「働きがい」を重視しています。「働きやすさ」を過度に追い求めることは、「働きがい」重視の人材の離職につながることもしばしば起こる現象です。

一方、「働きがい」を増やす施策は、少し複雑です。「働きやすさ」への施策は、働きにくさを解消するという「マイナス状態をゼロに持っていく課題解決施策」である一方、「働き

がい」の施策は、「自分の強みを活かす」とか「帰属意識を高める」といったように、「ゼロ状態をプラス状態に持っていく施策」です。そのため、具体的にどうすればいいのかわかりづらいのです。しかも、それらの施策は、人事担当の範疇を越えて、経営陣の判断が必要なテーマとなることも大いにあります。人事担当者としては「経営者に働きかけるよりは、とりあえず自分たちでできる施策を」となりがちで、結果として「働きやすさ」につながりそうな施策に飛びつくことも、よく起こります。

より良い組織にしていくために施策を講じる際には、会社や自分が所属している集団の組織活性が、今どうなっているかをよく観察し、「心身コンディション・働きやすさ・働きがい」の3要素のバランスを保ちながら、適した施策を通じて組織全体の活性を上げていくことが大切です。

では、組織の不活性化はどのようにしたら防ぐことができるのでしょうか。代表的な3つのケースを用いて、組織が不活性化に至るプロセスと対策について考えていきましょう。

あなたの組織に近いのはどれ？ケースで見る、身近な「病んでいる組織」

ケース1 『砂の城』系組織

――ストレス耐性低めの社員が多い会社――

メンタル不調者続出　ＩＴ企業・Ａ社

崩れたら跡形もなくなる。ここはまさに、砂の城……

Ａ社は従業員数が２５０名。システム構築がメイン事業で新卒採用はこの5年で強化してきた経緯がある。Ａ社では、このところ離職やメンタル不調者の発生が増えており、困っている。特に若手のメンタル不調には頭を悩ませており、業務負担をそんなにかけていなくても、メンタルダウンを起こして休職や退職になってしまう。不調者が出ると人員が足りなくなり、他のメンバーの負荷が増えることで、現場からは不満の声も上がっている。

ケース❶の解説

ストレスを強く感じやすいかどうか、またストレスを感じた際にどのくらい耐えられるのか、つまり「ストレス耐性」は、人によって異なります。

実は一部の会社で、ストレス耐性の低い人が多く採用されている傾向があります。私が代表をしている株式会社エリクシアのこれまでの調査では、特にＩＴ企業でその傾向が強く見られることがわかっています。

その原因としては、**スキル重視の採用**になっていること。つまり資格、能力を重視する分野だからこそ、ストレス耐性の重要度が低く設定されていることが多いためと推測されます。技術職の採用が近年難易度を増すにつれて、とにかく人手を確保しようと先走りし、ストレス耐性の重要度がますます下げられている印象です。

ストレス耐性の低い社員を多く抱える組織を私は**『砂の城系組織』**と呼んでいます。砂の城は、見た目は立派ですが土台が脆いです。砂の城系組織では、組織活性のピラミッドの土台である「心身コンディション」に大きな不安を抱えています。

ストレス耐性が低い方は、変化やストレスで「心身コンディション」が悪化しやすく、ゆえに、そういう方が多い組織では、「社内に新制度を入れた」「社会情勢が大きく変化した」といった変化が発生しようものなら、「心身コンディション」を悪化させてしまう人が同時多発。中には休職や退職などの離脱も発生します。そして、休職をしている人、離脱した人の仕事を他のメンバーで穴埋めしなければならず、「働きやすさ」は急低下。その影響で、「働きがい」も低下します。

「これでは自分の仕事ができない！」「いない人のカバーをいつまでしなければいけないのか？」といった声が聞こえてきたら、それは残っている人たちのマイナス感情が蓄積している証拠です。

「働きがい」の低下によって、いよいよ全体として組織活性が大幅に落ち込んでしまいます。これが『砂の城』です。崩れはじめると、以前の立派な城の姿が思い出せないほどの状

ケース❶ ストレス耐性低めの社員が多い会社

『砂の城』系組織

スキル重視の採用などで、元からストレス耐性の低い社員が多い組織。

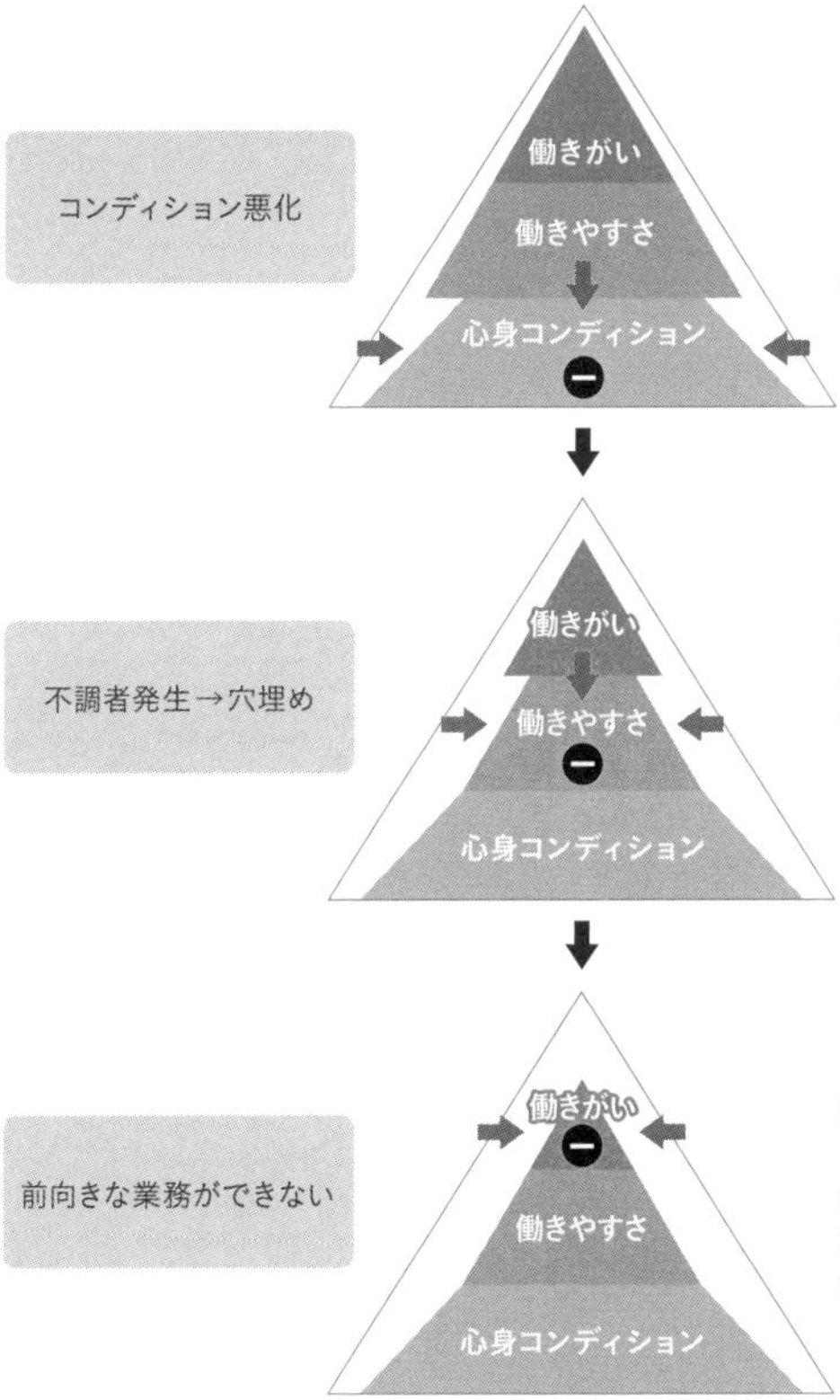

ちょっとした変化で「心身コンディション」悪化

不調者発生し、その穴埋めを他のメンバーで行うが、結果として「働きやすさ」が減る

前向きな仕事が減ることで「働きがい」も低下、全体として組織活性が大幅に落ち込み、ぶら下がりや離職につながる

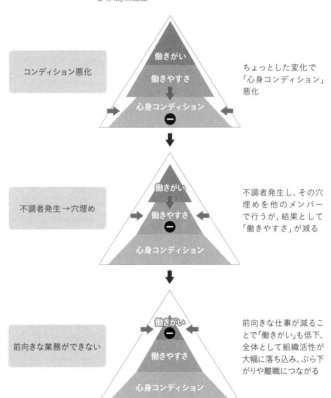

態になってしまいます。

ケース❶の対策

では、どのような対策があるでしょうか。採用時と採用後で考えてみます。

［採用時］

根本策として理想的なのは、**採用時にストレス耐性チェックをしっかりと行い、「心身コンディション」の悪化リスクを高めないこと**です。これは、履歴書や適性検査だけでは見抜くことが難しいため、ストレス耐性の低い方々の行動パターンを理解しその傾向を見抜くよう意識して面接する必要があります。経験豊かな産業医やカウンセラーであれば、その見極め方法を知っていることもあるので、相談してみるのも一案となります。

［採用後］

採用後の対策としては、**①業務上での変化を減らす、②現場でのケアを強化する、③セルフケア教育をする、**の3つとなります。

①業務上での変化を減らす

業務上の変化に関しては、世界的にこの10数年でビジネススピードが一気に上がり、変化への対応に迫られる機会が増えています。産業医面談でよく「変化は良いことも悪いこともストレスになる」と話していますが、ストレス耐性の低い方が多いＩＴ業界などでは、特にビジネススピードが求められることから変化の重なりが起こりやすく、その影響でメンタルダウンを引き起こしている方が多いです。

「大きな変化が同時多発することは心身コンディションを低下させる大きなリスク要因である」ということを、経営者および管理者は念頭に置き、可能な限り変化は『段階的に』与えることが望まれる対策となります。

②現場でのケアを強化する

変化の重なりが避けられない場合には、**「心身コンディション」を低下させるリスクが高い業務を行っている**、という認識をもって、現場で精神サポート、特にラインケアをしっかりと行うことが必須となります。

③セルフケア教育をする

定期的にセルフケアに関する教育を実施し、セルフケアを促進することも有効です。「心身コンディション」の悪化は、その前兆として「睡眠の質の低下」が起こります。睡眠の質の悪化が起こっている社員を早期発見できれば、産業医など専門家と相談をしたうえで何かしら手を打てるかもしれません。休職や離脱まで進む前に食い止めることも可能です。様子が気になる社員がいる場合の声掛けは「最近ちゃんと寝られてる?」でしたね。活用してみてください。

改善例をお話しします。スキル重視で採用していたＩＴ企業が、あることを行った結果、メンタル不調者の発生率を減らしました。

それは、**「どっちを採るか」の明確な基準を決めた**ことです。

これまでの採用では、何よりスキルを重視し、優秀であることが優先される採用方針でストレス耐性なんて二の次でした。これを、「１００点を取るぐらい優秀でありながらストレス耐性の低い人材」よりも、「80点であってもストレス耐性が低くない人材」を採用する方針に切り替えたのです。

これによりメンタル不調者の発生率が3分の1に減りました。

この会社の管理職にとっても、部下のメンタルケアに奔走する負担が大幅に減るなど「働きやすさ」が改善され、部下の精神サポートをしっかりと行う余裕ができたことで、多くの社員がマイナス感情を蓄積せず、意欲的に仕事に取り組めるようになっています。

ちなみにこの会社では、入社3～6か月後には産業医による面談をし、組織に解け込めているか、メンタルが落ちていないかをチェックしています。学生から社会人へ生活が大きく変化したことでメンタルに影響が出やすい時期が、入社3～6か月後であるためです。

さらにラインケア研修を実施し、部下のメンタル状態把握の技術や現場での精神サポートを強化し、「心身コンディション」の低下による離脱や、若手の早期離職を減らすことにも成功しています。

ケース❷

『やりがい搾取』系組織

―「働きやすさ」を無視して「働きがい」を追求する会社―

疲弊感に蝕まれる　不動産会社・B社

「やりがい」という餌にいつまで食いつくか……

B社は不動産投資業をメイン事業とし、従業員は30名程。個人の営業成績に応じて給与が変動する仕組みがある。メンバーは若手～中堅までさまざまだが、営業力に自信のある人が集まり、積極的な営業を行うことで良い結果を残してきた。しかしこの2年ほど、良い成績を残し多額の給与を受け取っていたメンバーが立て続けに離職。会社としての営業利益も下降気味で社内の雰囲気も重苦しい。営業成績を上げるよう激励しても、社員たちにやる気があるようには感じられないばかりか、疲労の色が濃くみられる。

ケース❷の解説

「働きがい」重視のわかりやすい例は、「成果に応じて給与に大きな差のつく仕組みをもち、他の就業条件には配慮をしていない会社」や、「社会貢献性が高いと認識されているが、労働環境があまり良くない会社」などが挙げられます。アメリカの臨床心理学者、フレデリック・ハーズバーグが提唱した二因子理論で言うところの、「動機付け要因」が強い一方で「衛生要因」が整っていないというのが特徴です。私はこのような組織を**『やりがい搾取系組織』**と名付けています。

個人の「働きがい」と会社が提供できる価値がマッチングすることの「ポジティブ効果」により、組織活性は一時的にグーンと跳ね上がっていきます。しかし、しばらくすると業務負荷などの労働環境の負荷が継続することにより「働きやすさ」が低下、そして疲労が溜まることによる「心身コンディション」の低下が起こります。心身コンディションが落ちると、「働きやすさ」および「働きがい」が連鎖的に低下します。組織活性のピラミッドで言うと、上が崩れると下が崩れ、下が崩れると上も崩れる、といった状況です。

例に挙げたB社で言うと、「いくら頑張っただけ給与をたくさん貰えると言っても、これでは心身がボロボロになってしまう。長くはいられない」と感じる人が出てきます。こうして、全体としての組織活性は大幅に下がってしまいます。

ケース❷の対策

「働きがい」の高さだけで組織活性を長く保とうとするのは無理があります。「働きがい」を前面に打ち出す場合であっても、ある程度の「働きやすさ」を同時に担保しておかない限り、疲労などで中長期的に組織活性が落ちます。

「働きやすさ」を改善させるには、**「何かを足すというよりも、現時点で社員が負担を感じている事象の解決に動く」**というシンプルなアプローチが必要となります。

ちなみに、割り切って「働きやすさ」への配慮はせずに、とことん「働きがい」で社員を引っ張っていく、という経営方針で突き進む会社も存在します。その場合には、離職と採用の新陳代謝を常に回し続ける必要が出てきます。過去には新陳代謝を回し続けることで高成長を果たした会社が多くありました。

中期的にはそれでも組織運営を回すことができますが、最近ではさまざまなウェブサイトで、各会社の労働環境が〝口コミ〟の形で共有されています。「働きがいはあるけど働きづらい会社」という評価が多くの求職者に知られてしまうことで、ブラック企業というレッテルを貼られることもあり、新しいメンバーの採用を継続的に行うことが難しくなって

ケース❷「働きやすさ」を無視して「働きがい」を追求する会社

『やりがい搾取』系組織

インセンティブや
社会貢献性などの「働きがい」で
業務負荷の高さを
ごまかしている組織。

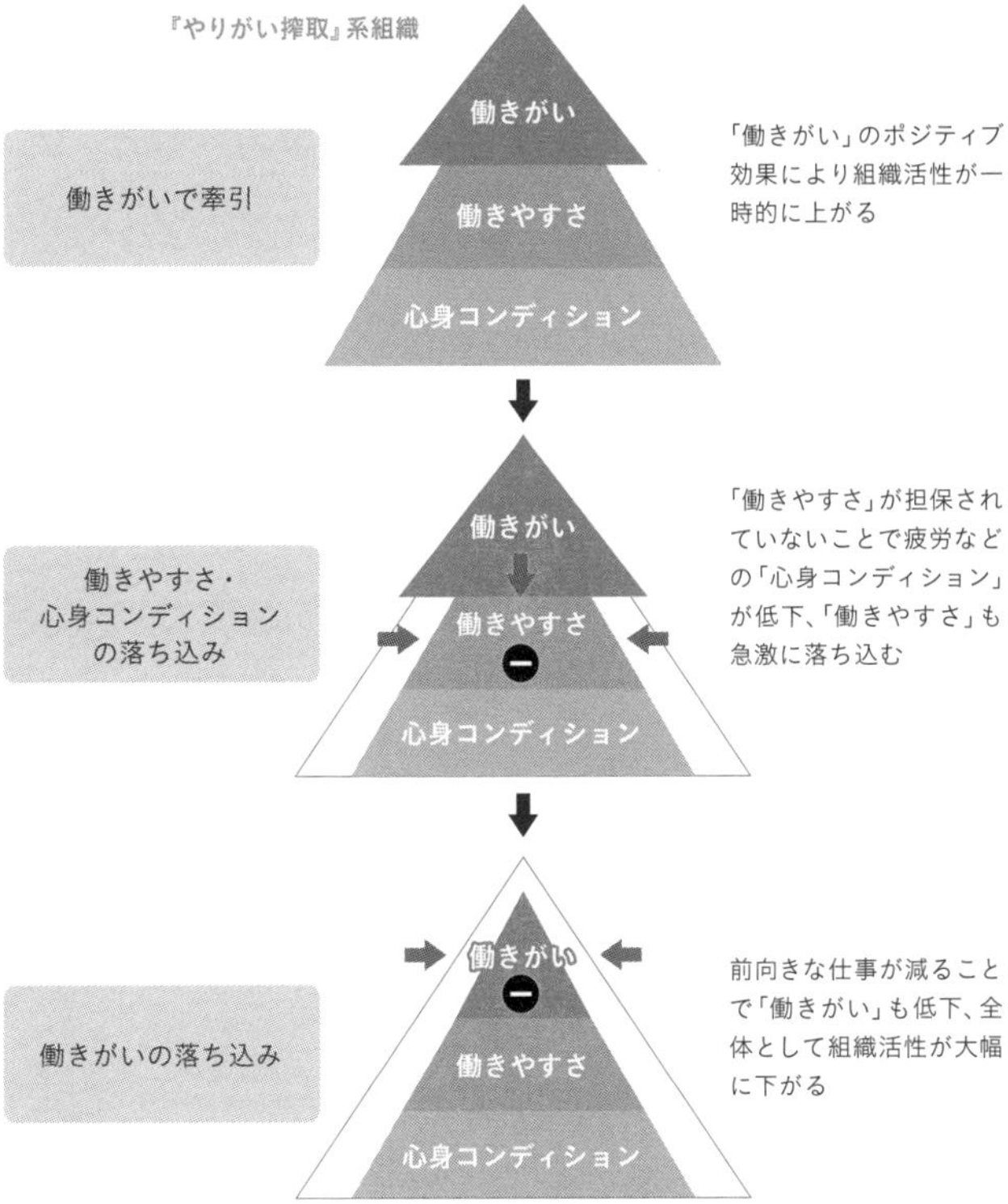

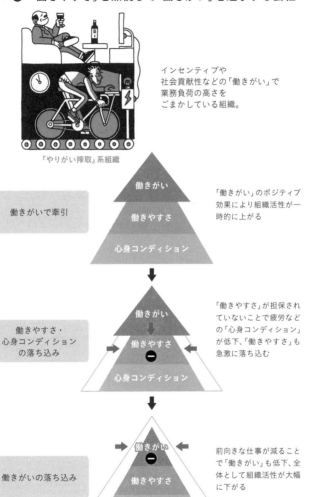

きています。
このタイプの会社が、現在の経営スタンスを変えずに進んでいくことを選んだ際の解決策（「ステップを極める」）もありますが、これについては終章263ページで詳しくご紹介します。

ケース③『ぬるま湯』系組織
―「働きがい」を意識せず「働きやすさ」を過度に追及する会社―

ぶら下がりが経営課題　サービス企業・C社
ぬるま湯が会社に火傷を負わせる……

C社はＩＴサービス事業を展開しており、従業員は５００人程。昔は残業も多かったが、業務負荷は10年ほどかけてかなり軽減されたうえに、管理職コミュニケーション研修の影響もあり、ハラスメント事案もほぼなくなった。それでも、ここ数年、離職者が多いことに頭を悩ませていた。そこで、もっと社員たちが働きやすい環境を整えようと、リモートワークやフレックス制の導入をしたところ、なぜかこれまで組織を引っ張ってきていた優秀な人材が離職。モチベーションの低い人材が残る結果となった。

ケース❸の解説

「離職への対策をしたい」――その思いを強くしすぎた会社の多くがはまるのがこのタイプ。140ページで解説したぶら下がり化が起きている組織です。

「働きやすさ」を増加させる施策は、取り組むべき課題および解決法が明確であり、経営者や管理職の覚悟があれば進むことが多いため、施策実行までが比較的スムーズです。だからこそ、いつしか**限度を超えて働きやすくなってしまっている**場合があります。私はこのようなケースを**『ぬるま湯系組織』**と呼んでいます。

「いろいろな人に働いてほしい」「働きやすい職場環境を提供したい」と思うのはとてもいいことです。実際、「働きやすさ」を追求することで採用もしやすくなり、社員は働きやすく、組織活性は上がっていきます。

ここまではとてもいいのですが、問題はその先です。多くの会社で行われている離職対策は「働きやすさ」の改善施策のみであり、「働きがい」まではアプローチできていません。
人員補充、有給休暇付与数増加、残業時間削減、ノー残業デー、フレックスタイム制、リモートワーク、特別休暇、フリードリンク……これらは主に「働きやすさ」の改善施策です。
そればかり行った結果、「働きやすさ」だけが偏って上がることで、当然ながら「働きがい」よりも「働きやすさ」を重要視する社員が定着しやすくなり、**意欲を持って働く社員と、働きやすさを当たり前として甘えてしまう社員の二極化**が起こります。

意欲的な人の一部には、全社一斉に「働きやすさ」を与えられることで、〝ほどほど〟に働いている人と同じように扱われていることに対して不公平感を持つ人もいます。自身がしっかりと評価されていない、会社として成長する意欲が感じられない、という思いがマイナス感情としてどんどん蓄積し、「働きがい」が下がり始めます。

「やってもやらなくても同じなら、やらない」と考えてしまったり、「自分の能力はここでは生かせない」と感じたり、「このぬるま湯に浸かっていたら、自分がダメになってしまう」と不安を覚えてしまう人が現れます。

こうして、『ぬるま湯』と化した組織では、意欲的な優秀人材は積極的離職で抜けていきます。自分を評価してくれて、「働きがい」がもっと感じられる職場を求めて去っていくの

ケース❸ 「働きがい」を意識せず、「働きやすさ」を過度に追求する会社

休暇、ノー残業デー、
フリードリンクなど「働きやすさ」の
改善施策ばかり実行する組織。

『ぬるま湯』系組織

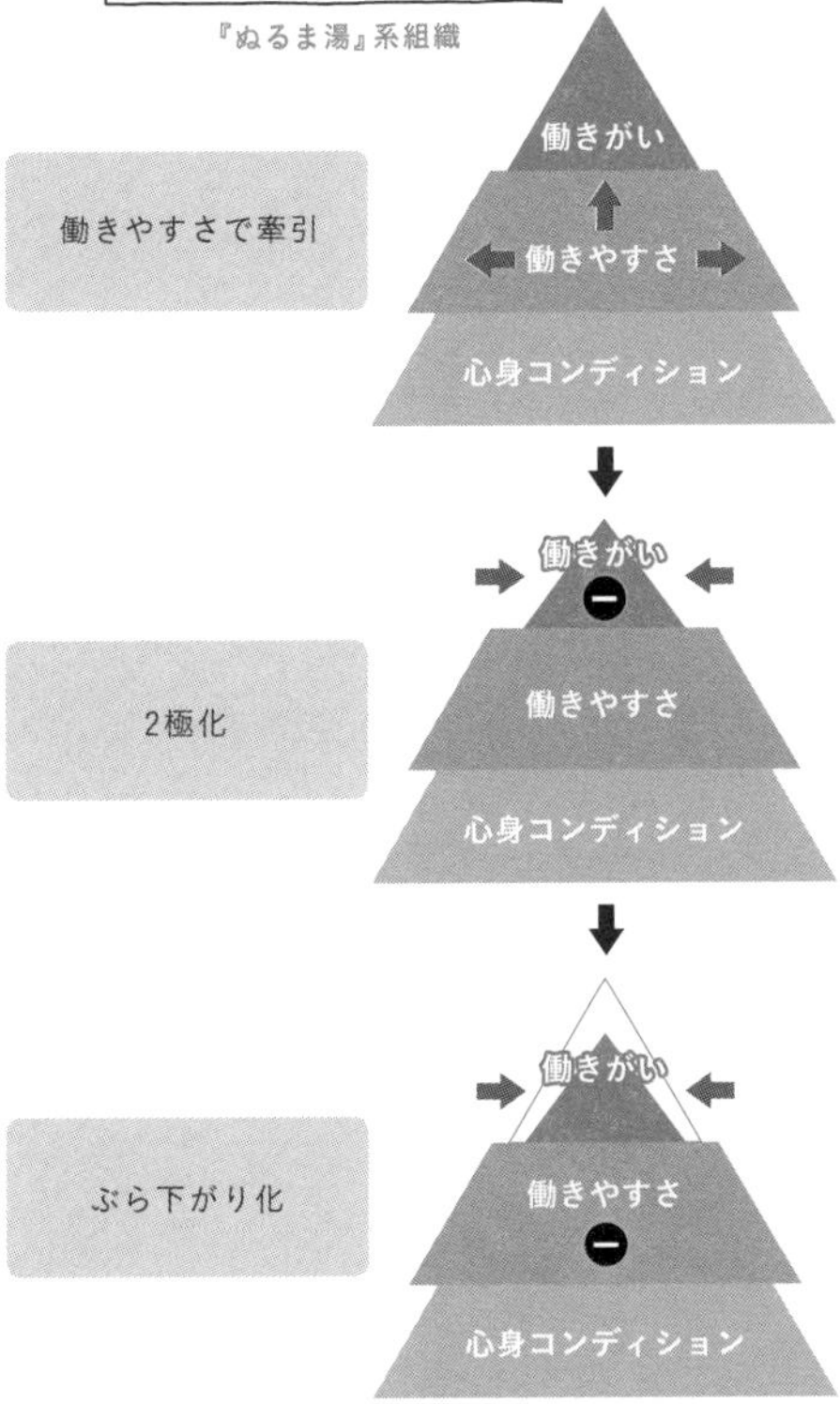

「働きやすさ」を追求することで社員は働きやすくなり組織活性は上がる

意欲を持って働く社員と、「働きやすさ」を当たり前だと考えて甘える社員の2極化が起こり、不公平感などで「働きがい」が下がり始める

意欲的な優秀人材が積極的離職で抜け、ぶら下がり比率が上がることで「働きやすさ」が低下。やる気のない組織が出来上がる

です。

優秀人材が抜けた結果、「働きやすさ」を過度に求めるぶら下がり人材の比率が上がります。ぶら下がり人材が増えれば、組織活性は低下します。

職場の雰囲気はギスギスして、やる気のない組織。仕事をしない人たちが、片手間にやらされ感で新人を育てている組織。自分たちが楽をするのは当然のことと信じている人たち。『ぬるま湯』を脅かすような制度には猛反対する人たち……。

私は、かなりの数の会社が、離職対策や働き方改革へのアプローチの失敗で、このケースに陥っているのではないかと危惧しています。

ケース❸の対策

このケースが発生する背景には3つのパターンが想定されます。

① 離職が大きな課題となっている
② 働き方改革の中で対策の必要に迫られた
③ 採用での苦戦を挽回する必要がある

離職、働き方改革、採用、それぞれが経営上の重要事項である分、早急の効果を求めすぎてしまい、課題が目につきやすい「働きやすさ」の改善に走ってしまった結果起こる現象、それが『ぬるま湯系組織』となります。

この事態を避けるために大切なのは、

❶「働きやすさ」の過度の追求はぶら下がり化を招く、ということを念頭に、
❷「働きやすさ」と「働きがい」のバランスを取りながら、
❸会社として大事にしていきたい人材像（ペルソナ）を定義し、その人たちが活躍しやすい職場環境を実現させる施策を打つこと

に集中することです。❸については、第2部で詳しくアプローチ法をご紹介します。

そもそも「働きやすい会社にすれば、みんな定着してくれる。採用も簡単になる」と思うことは危険です。

離職には、これまで解説してきた通り、今の環境が嫌だから起こる『消極的離職』だけでなく、ステップアップをするための前向きな離職（『積極的離職』）もあります。離職＝消極

的離職だと考え、過度に恐れた結果、「働きやすさ」を上げすぎて『ぬるま湯』にしてしまう必要はありません。

働き方改革の中で「雇用類似の働き方」がうたわれているように、雇用の形も変わってきています。だからこそ、「当社は、若手・未経験者を採用し、ある程度仕事ができるところまで成長させたら、積極的離職は仕方がない。むしろ良いことだ」と戦略的に考える会社があってもおかしくはなく、これからの時代の流れを推測すると、むしろその姿勢のほうが会社は成長していく可能性がある、とも私は考えています。

「自社が求め、大事にしていきたい人材像（ペルソナ）を明確にし、その人材が『働きやすく』かつ『働きがい』を持つことができる職場環境を実現する」

簡単なことではありません。しかし、中長期的な人事戦略としてこれに取り組むことができている会社と、短期的な人材確保という視点で動かざるをえない会社では、人員定着および組織活性において決定的な差が生まれてきており、それが会社の利益の差にも直結しています。

伝染を食い止めるには

効率よく組織活性を保つ方法は？

ここまで読んでいただき、「マイナス感情」がどれほど個人や組織に重大な影響を与えるのかはおわかりいただけたかと思います。

個人、組織ともに共通するのは、「マイナス感情の蓄積」が元となり、モチベーション低下やメンタルの落ち込みなどの現象を引き起こしている、ということです。これを「たかが一社員の不満だろう」と放置してしまうと、一人の個人活性が崩れ、離職や離脱といった結果につながっていきます。その影響が伝染して数人、数十人と連鎖し、やがて組織全体の不活性化へとつながっていきます。

とはいえ、実際、社員すべての個人活性を事細かにチェックし、対処していくことは現実的ではありません。では、どうすれば効率よく組織活性を保っていけるのでしょうか。

ポイントは「WHO：誰の」「WHAT：どの課題」に絞り込むか

組織の中に所属しているメンバーが全員、高い幸福度を感じている状態が理想です。とはいえ、そこは人の気持ちが大きく左右しますので、誰かが高い幸福度を示せば、別の誰かの幸福度は下がっていくことも往々にしてあります。

特に、一部の人だけの幸福度を高めていくと、不満を持つ人はそれよりも多く現れてくる可能性が出てきます。

例えば、営業職のインセンティブはどうでしょうか。

営業職の給与は販売実績に応じて変動している場合、営業職以外のメンバーは頭では理解していても、インセンティブを得ている営業職をうらやましく思うこともあるでしょう。また、同じ営業職の中でも、どんなに努力しても結果に結びつかなかった人は、「あいつは運が良いだけだ」と妬み、不公平を抱くということも起こり得ます。

極端な例でしたが、実際に従業員意識調査のレポートを見ると、間接部門（人事、総務、経理、情報システム等）は業務が目に見える形で業績に直結しない（実際にはしていますが……）ことから、給与不満や評価不満が高まる傾向があります。もちろんその背景には、評価制度への理解度合や、評価者との関係性、評価の質も関与してきます。また、各部門の営業事務職も、この例で言うと不満を抱く可能性はあります。

また、育児中の社員だけ在宅勤務を許した場合はどうでしょうか。単純に「なぜ育児中に限るのか？　介護なども対象ではないのか？」というだけの話ではありません。同じ業務をしているメンバーの中で、特定の社員だけ在宅勤務が許されていたらどう思うでしょうか。事情を理解していたとしても、他のメンバーのみならず他部門からも「ずるい」という意見、不公平感が生まれる可能性があります。「自分の業務だって在宅で十分対応が可能だから、在宅勤務を許可してほしい」と思う人もいるでしょう。

人の気持ちは、このように頭では理解できていることや、理屈が通ること、ちょっとした他人との差からも影響を受けます。ふつふつと湧き上がる「不公平感」はマイナス感情の中でも影響力の大きい感情であり、個人活性を落とす結果となります。

解決策：ポイントは「優先順位」を考えること

組織全体の
幸福度
どの層に優先的に
アプローチをするのか
決めるのが大切
幸福度
幸福度
幸福度
幸福度
一部を優先すると…
一方で不満が出る

その一方で、組織に蔓延る「不公平感」を抑え込もうと「公平感」だけで組織を運営することも危険です。行き過ぎた「公平感」は優秀な人の「働きがい」を低下させ、離職を招く危険もあります。そして、ぶら下がりが増殖し、組織活性を奪ってしまう結果になります。

労働価値がそれぞれ異なる社員全員を幸福にすることは、ほぼ不可能です。となると、組織活性を上げるためには、「どの社員たちの労働価値を満たして個人活性を上げていくのか、戦略的に優先順位を決めていくこと」が求められます。そのために必要なのは、実は「マーケティング」の考え方なのです。

これから第2部で紹介するのは、**マーケティングの考え方を用いて、組織活性を最大化させるためのアプローチ**です。

何度も言います。すべての社員の希望を**同時かつすべて**満たすことは不可能です。

だからこそ、組織活性を上げるために、**「どの層（WHO）」**の**「どのような課題（WHAT）」**に対してアプローチを行っていくかを設定することがとても大切になります。

まずはターゲットとして絞った層の組織活性を上げることに注力するのです。

それがうまくいくと、他の層にも好影響が伝染し、最終的に組織全体の活性を上げ、会社にとって減らすべき離職を減らすことにつなげることができます。私はそのアプローチを**「ターゲティング戦略」**と名付けています。

それでは、組織の病巣を取り除くための「ターゲティング戦略」を紐解いていきましょう。

3章のまとめ

- 組織活性は個人活性の集合で決まる。組織活性を考えるうえでは、「個人のマイナス感情が周囲に影響し、連鎖反応が起こる」＝「伝染」の影響をよく検討する必要がある。
- より良い組織にするためには、現状の組織活性がどうなっているかを把握し、「心身コンディション・働きやすさ・働きがい」の3要素のバランスを保つための施策を講じることが重要。
- 「働きがい」が低下し、「働きやすさ」ばかり向上した場合に起きやすくなる『消極的定着』＝『ぶら下がり』は、組織活性を低迷させ、ますます会社をダメにしていくので、なるべく防止する必要がある。
- むやみに「働きやすさ」を追求せず、自社が求め、大事にしていきたい人材像を明確にし、その人材が「働きやすく」かつ「働きがい」を持つことができる職場を目指すべき。

第4章

組織活性化のための「ターゲティング戦略」

マーケティングを組織活性化に応用!?

WHO、WHAT、HOWの考えをマスター

ここからは第2部として、「ターゲティング戦略」について解説していきます。組織活性を上げるためには、「どの社員たちの労働価値を満たして個人活性を上げていくのか、戦略的に優先順位を決めていくこと」が必要であり、そのためには、マーケティング思考を用いて、組織活性を最大化させるためのアプローチが求められるとお伝えしました。

組織が抱える課題を解決し、組織活性を上げるためには、必ず3つのカテゴリーを設定し意識していく必要があります。このアプローチを「ターゲティング戦略」と定義していいま

す。ターゲティング戦略の基本は、WHO、WHAT、HOWです。具体的な戦略に入る前に、まずそれぞれ3つのカテゴリーの目的をおさらいしていきましょう。

● WHO（誰に向けた施策なのか）

一つ目はWHOです。つまり「誰に向けた施策なのか？」レイヤーを明らかにすることです。労働価値が異なる社員全員を幸福にすることは不可能です。不公平感は多かれ少なかれ伴います。そうした前提の中で、組織活性を上げ、企業成長を達成していくために、優先的に、「誰の」または「どの層の」マイナス感情の蓄積を減らすためのアプローチを行うべきなのか。そこをしっかりと戦略的に設定することで、その後行った施策の効果も変わってきます。WHOの設定方法については後ほどご説明します。

● WHAT（どの課題に優先的にアプローチしたいのか）

二つ目はWHATです。課題は常に一つとは限りません。複数同時に発生している課題に対して、どの課題に対して取り組むかの優先順位を付けていくアプローチが必要になってきます。課題の背景にある要因を分析することなく、なんとなくの感覚で取り組みを行っている会社が見られますが、それがまさに従業員にとって「欲しくないプレゼント」を生み出しかねないのです。

● ＨＯＷ（どのようなアプローチをするか）

三つ目はＨＯＷです。会社によって、できる施策できない施策が異なることから、具体的なアプローチはその会社・人事・現場が連携し合いながら取り組む必要があります。プラス感情を生み出すための手っ取り早い施策に頼らず、しっかりとマイナス感情と向き合ったうえで、施策を行っていく、それが組織の病巣を取り除くための近道と言えます。

マーケティングと組織戦略は共通点が多い

では具体的にどのように考えていけばいいのでしょうか。これにはマーケティングの考え方が非常に有用です。マーケティングと組織戦略には共通点があります。

マーケティングの目的は、

● 顧客のココロを分析して、売り上げにつなげていくこと

マーケティングと組織戦略（人事）は共通点が多い

マーケティング

顧客のココロの動きを分析し
商品やサービスを購入してもらい
自社の売り上げを上げる

組織戦略

社員のココロの動きを分析し
チーム能力・戦略・組織活性を考え
組織生産性を高める

◉顧客のココロを読んで商品を買ってもらうのがマーケティング
◉社員のココロを読んで組織活性を高めるのが組織戦略

組織戦略の目的は、

◉社員のココロを分析して、組織活性につなげていくこと

つまり、**組織戦略とはいわば「社内マーケティング」**とも言えます。

企業において、この仕事をメインで行うのが人事部門です。このところその流れが大きなものとなっており、HR（ヒューマン-リレーションズ、人事）というよりも、CS（コーポレート・サービス、事業支援）と位置づけている企業も出てきています。また、マーケティングから人事部門へとキャリアシフトしている人も少しずつ出てきており、今後、さらに増えていくことが予想されます。

マーケティング基本の流れ

まず、そもそも〝マーケティング〟について基本理解をするために、フィリップ・コトラーとケビン・レーン・ケラーによる『マーケティング・マネジメント』で書かれている古典的なマーケティングの流れを見てみましょう。

マーケティングでは、さまざまなニーズを持った顧客やライバルがいる中で、自社の強みを活かし、顧客が持つニーズを分析し、自分たちの戦う市場をはっきり定義します。

そのうえで、自分たちは、どこに、どのように働きかけるべきか、戦略を考えていきます。顧客をさまざまな要件で**細分化（セグメンテーション）**し、その中で自社が狙うべき顧客層を**設定（ターゲティング）**し、ターゲットとして設定したセグメント（顧客層）が**自社をどのように認識してほしいのか（ポジショニング）**を明確にしていきます。このためにさまざまなデータを駆使します。

こうして練られた戦略に基づいて、商品、価格、流通、プロモーションといったマーケティングミックスを完成させていきます。

顧客＝社員とした社内マーケティング戦略

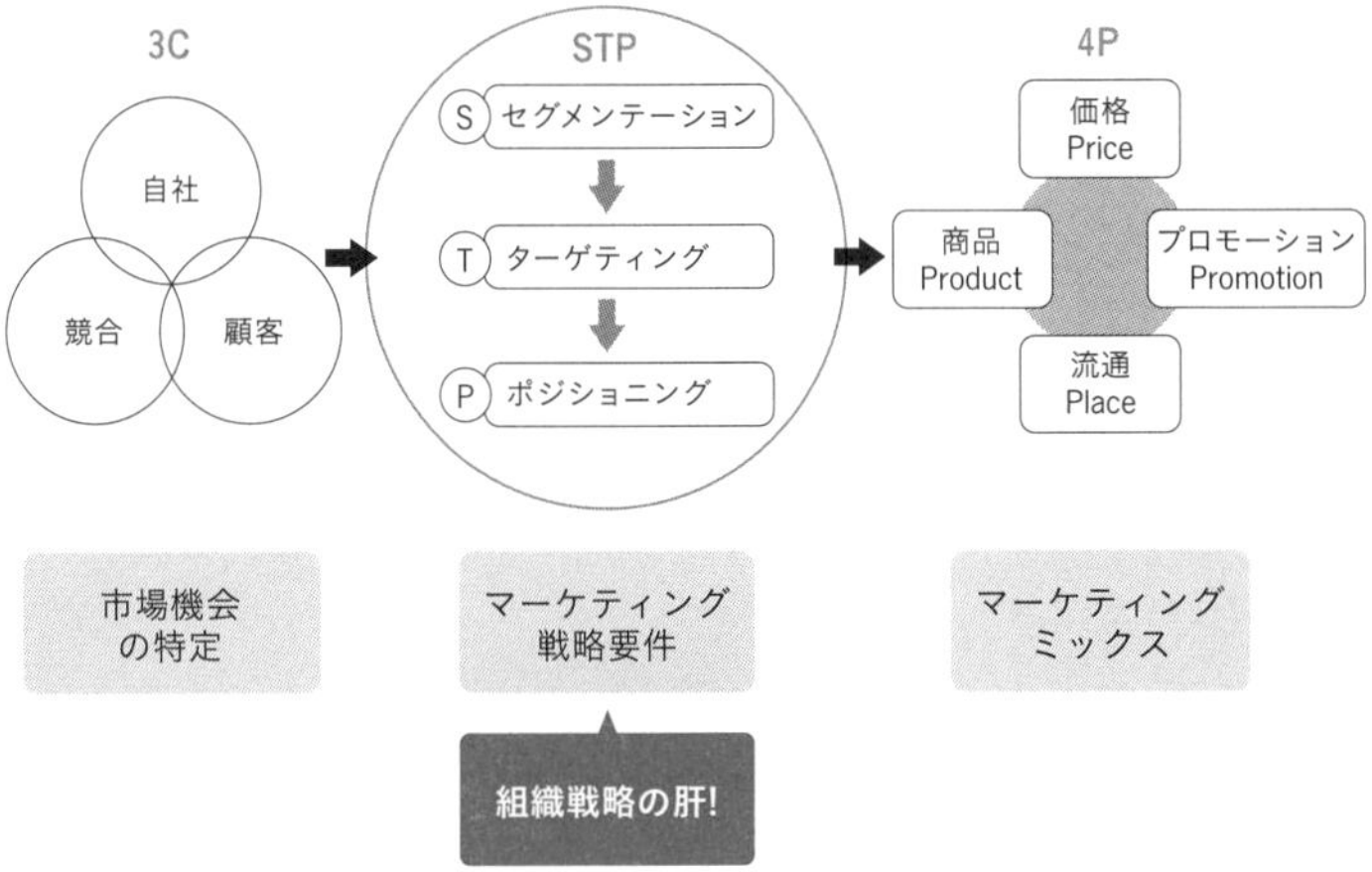

うまくいかない組織戦略には「STP」が欠けている

この一連のマーケティング戦略構築を、多くの企業が行っている組織戦略に当てはめたとき、行われていないプロセスがあることに気がつきます。組織活性を最大化させるためにとても大事なプロセス、**それは、「STP」です。**

セグメンテーションし、ターゲティングし、ポジショニングすることです。

組織活性が高い会社には、主に三つの共通点があることがわかっています。

①経営者が社員のココロに興味を持ち組織活性を重要視していること
②活性の3要素がしっかりとバランスよく充実していること
③タレントマネジメントがしっかりとしていること

この三つが伴っている会社は、不要な離職やメンタル不調の発生を最小限に食い止めています。

最初の二つについては、これまでの章で取り扱ってきたマイナス感情や活性3要素のメカニズムが理解できていて、かつ、それに基づく施策が会社と社員の心理的距離を適正にし、組織活性につながっているということです。

三つ目のタレントマネジメントとは、人材の採用から始まり、配置、育成を行う過程で、「適材適所による離職防止に加え、適正なリーダー候補の選定と育成を行い、人材を最大限に活用して中長期的な経営戦略の遂行を支えていく」、というものです。まさにSTPができているのです。

経営者は社員のココロに興味を持っているにもかかわらず、組織活性の落ち込みや離職・メンタル不調といった課題に悩んでいる会社が多くあります。そうした会社の多くが、このタレントマネジメントに問題を抱えており、特に「リーダー候補の選定が明確になっていない」という事象がよく見られます。

社員全員を同じように扱いたい、えこひいきはしたくない、という思いを持つのは当然なことだと思います。特に社員のココロを大切にしたいと思う経営者であれば尚更です。ただ、リーダーとして組織を支える可能性のある人材と、業務を遂行することに徹する人材は明らかに異なります。

感情的に社員と平等に接するということとは別に、組織活性を上げる人材を明確に設定し、他の人材層と差をつけてその人材層の育成と定着に注力すること。

それによって、組織活性を上げることができ、結果的に社員全員の個人活性も上げることが可能になります。

それこそが、私が提唱している「ターゲティング戦略」となります。

ターゲティングを用いた離職対策

社内人材をセグメンテーションし、ターゲットを定める

ここからは、具体的な組織課題に対してどのようにターゲティング戦略を用いることができるのか深掘りしていきます。

ターゲティング戦略は、離職だけでなく、メンタル不調、モチベーション低下といった組織活性におけるさまざまな課題、組織成長に向けた人材活用など、さまざまな組織戦略に応用できる理論ですが、本書では、離職対策にターゲティング戦略を用いたケースを中心にお話ししていきます。

STP：顧客を切り分けてターゲットを絞る作業

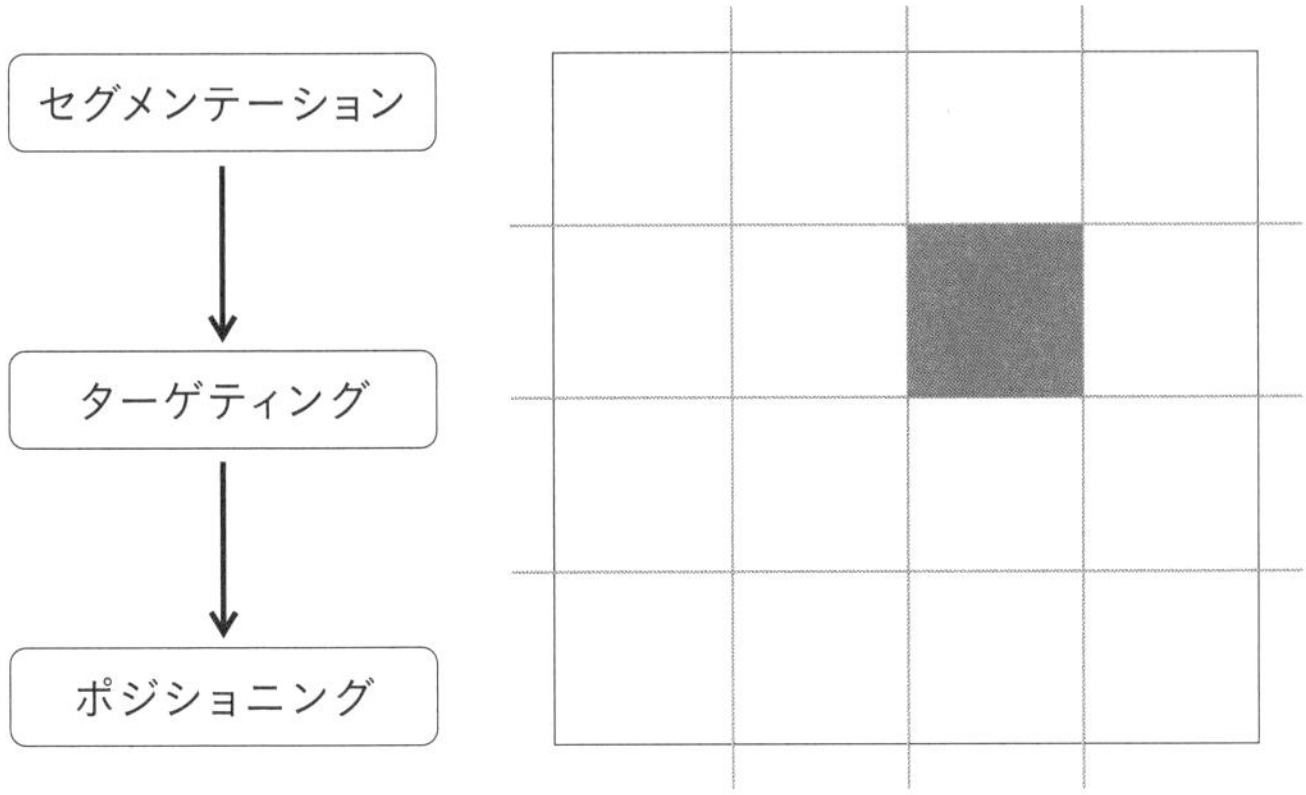

まず、ターゲティング戦略の実際の進め方を考える際に、マーケティング戦略の構築の流れ、特にセグメンテーションからターゲティングに至る過程を理解しておくことが重要になるため、軽くご説明します。

セグメンテーションとは、パイを切り分けるように顧客層をいくつかに切り分ける作業です。すべての人に受け入れられる商品やサービスを作るのは難しいため、顧客となりうる対象（市場）をいくつかに切り分け、ニーズや属性の近い人たちをまとめていきます。

一般的なマーケティングにおけるセグメンテーションでよく用いられる基準（軸）としては、性別、年齢、年収、地域などが挙げられます。**それらの基準で市場を分けたあとに、自社が特に重要視したい顧客層を絞り込むこと**をターゲティングと言います。

ターゲティング戦略を用いて離職への対策を行う際にも、もちろんセグメンテーションを行う必要があります。私がよく使用するのが、縦軸をパフォーマンス、横軸を社歴として見てセグメンテーションを行う方法です。（次のページの図参照）

あくまで一般化した設定ですので、業種、業態といった組織の形によって、軸の設定方法は違いがあるかもしれません。人数と企業の活動年数などによっても変わっていきます。

では、具体的な分け方を見ていきましょう。

まずは、全員を、「優秀、ハイポテンシャル、立ち上がり、普通、ぶら下がり」に分けていきます。この比率は、おおよそですが、左記を参考にしてください。

優秀：10％
ハイポテンシャル：10％
立ち上がり：10〜20％
普通：50〜60％
ぶら下がり：0〜10％

離職対策のセグメンテーション

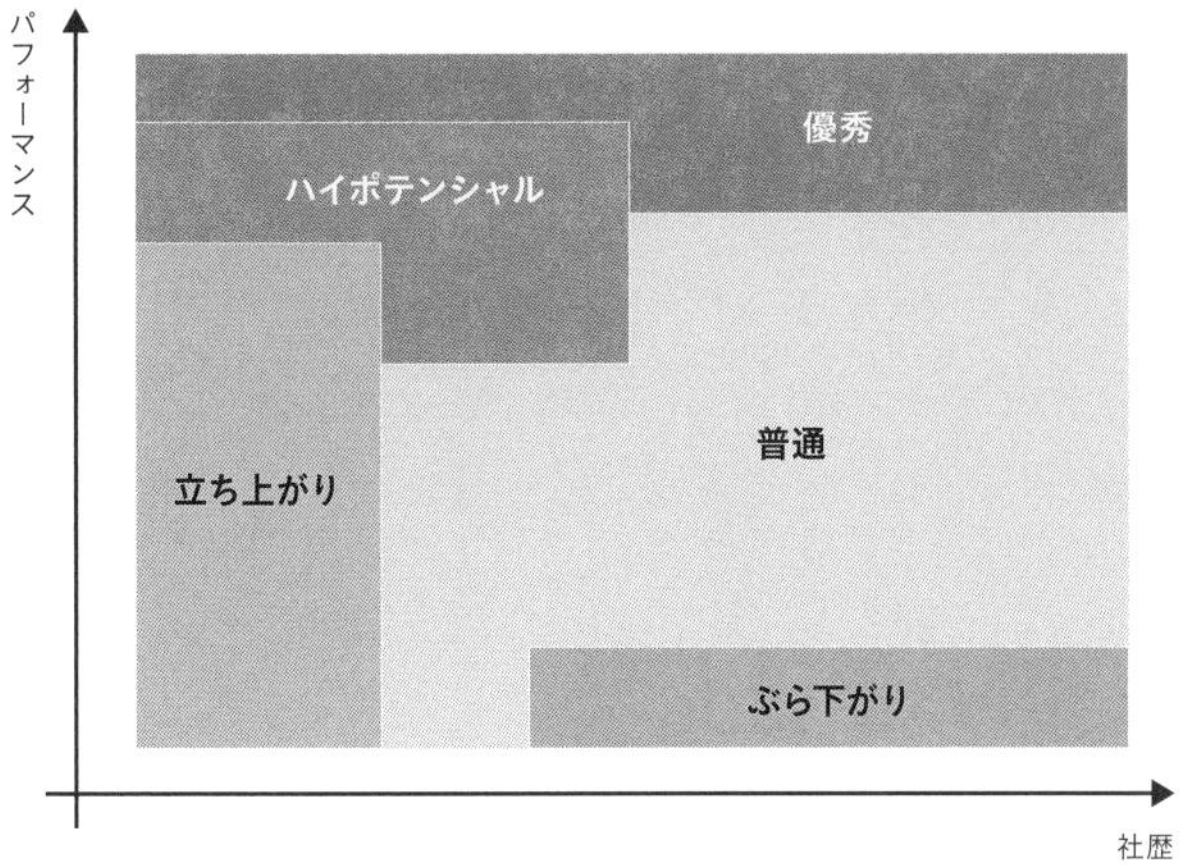

優秀人材は、その名の通り、**「優秀で、すでに企業・組織の牽引役となっている人材」**のことです。一般的には、年齢的には40代以上で、企業の活動においてなくてはならない存在として認識されていることが多いです。

ハイポテンシャル人材は、組織にとって**「3～5年後に優秀人材になるであろう人材」**のことです。まだ優秀人材ほどの活躍はしていないものの、すでに結果を出し、頭角を現している人たちです。年齢としては20代後半～30代中盤くらいで、幹部候補生として認識されていたりします。

立ち上がり人材は、**「入社から1年以内（新卒入社・中途入社を問わず）の人材」**です。意欲や能力はあるものの、まだその組織における知識・経験が浅いため、十分に結果を出せていない人たちです。社外から転職してきた優秀な人材については、一旦は立ち上がりとして分類し、業界知識や業務習得度に応じて早期にハイポテンシャル人材や優秀人材に変わりうる、と考えてください。

普通人材は、**「やるべきことをきちんとこなす人材」**を指します。意欲や熱量は優秀・ハイポテンシャル・立ち上がりに比べれば、平均的な水準にあります。

ぶら下がり人材は、**「『消極的定着』（ぶら下がり）している人材」**を指します。まったく仕事をしない、できないわけでもありませんが、組織との方向性の違い、労働価値のミスマッチ、人間関係などから、意欲が見えず、言われたことだけをしているようにしか見えない人たちです。

離職最適化に関するコンサルティングを行う際に、顧客企業から「人材の分け方をもっと具体的に提示してほしい」と言われることがありますが、どういう人材を会社として重

組織の人材分類

優秀人材

すでに組織の牽引役となっている人材

一般的には、40代以上で、企業においてなくてはならない存在として認識されていることが多い。

ハイポテンシャル人材

3〜5年後に優秀人材となるであろう人材

優秀人材ほどではないがすでに結果を出し、頭角を現している。一般的には、20代後半〜30代中盤で、幹部候補として認識されていることが多い。

立ち上がり人材

入社から1年以内（新卒・中途問わず）の人材

意欲や能力はあるが、まだその業界・組織における知識・経験が浅いため、十分に結果を出せていない。

普通人材

やるべきことをきちんとこなす人材

意欲や熱量は優秀・ハイポテンシャル・立ち上がりに比べれば、平均的な水準にある。

ぶら下がり人材

消極的定着（ぶら下がり）している人材

まったく仕事をしないわけではないが、組織との方向性の違い、労働価値のミスマッチ、人間関係などから、あまり意欲的に見えない。

宝するのかは、経営方針や業界状況によって異なってくるため、あえてざっくりとした切り方のみをご案内しています。

この5つの人材への分け方がスムーズにできる会社とできない会社ははっきり分かれますが、スムーズに分けられない会社は人材育成の仕組みをはじめとするタレントマネジメントがうまくいっておらず、人事戦略全体の見直しが必要となるケースが多いです。

人材セグメントごとに離職パターンは異なる

マーケティングの中では、セグメンテーションで切り分けられたそれぞれでの顧客層（セグメント）で、ニーズや購買傾向が偏ります。

社内人材のセグメンテーションでも、「ニーズ＝労働価値」「購買傾向＝個人活性に関連した行動傾向」と考えるとわかりやすくなります。**ニーズ（労働価値）の満たされ具合によって個人活性に変化が起こり、行動になって表れてくる。**つまり、人材セグメント別で出現する離職タイプも異なってきます。

優秀人材、ハイポテンシャル人材は、働きがいに関する労働価値のミスマッチが起こると積極的離職をする傾向があります。しかも、この決断は極めて速いのが特徴です。この層の人は、大概すぐに次の職場が見つかるので、スパッと辞めていきます。積極的離職だけでなく、もし仮に働きやすさが低下した場合は、当然ながら消極的離職も起こります。

普通人材および立ち上がり人材は、働きがいのミスマッチで発生する積極的離職は起こりにくいです。一方で、働きやすさに関する労働価値のミスマッチで、現状から逃げたい、というマイナス感情から発生する消極的離職、もしくはこのままここにいたら心身に影響がおよびそうといった理由から辞めていきます。

ぶら下がり人材は、積極的離職はしません。よほど働きやすさが下がり、自分の許容範囲に外れてきた場合は消極的離職をしますが、転職ができなかったり、転職するデメリットを強く意識するため、組織の不満を言いながらも定着することが多いです。

また、すべてのタイプの人材で、心身コンディションの低下によって離脱する可能性はあります。

人材セグメント別離職パターン

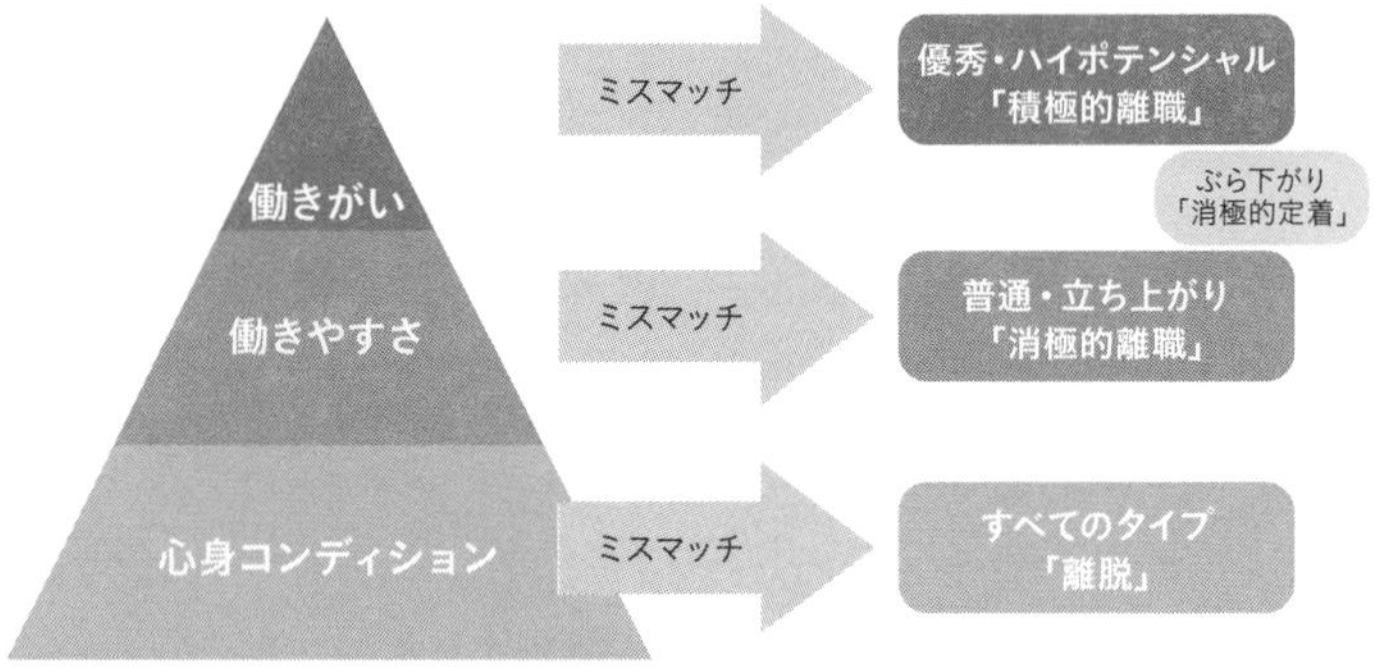

離職対策を優先するセグメントは？

人材セグメントとそこで起きやすい離職の傾向をご覧になってどう感じましたか？

先に申し上げたように、離職はすべてが悪いわけではありません。良い離職もあるのです。つまり**『離職最適化』をすべきであって、離職ゼロを目指すのではない**ということを改めて強調しておきます。離職をゼロにすることは不可能ですし、そこを目標にしても組織活性はむしろ低下するリスクがあります。

『組織活性を上げる人材を明確に設定し、他の人材層と差をつけてその人材層の育成と定着に注力すること。それによって、組織活性を上げること』

これがターゲティング戦略の目的です。

セグメンテーションで人材層を設定しましたね。では、組織活性を高め、維持するために離職対策を実施するのであれば、〝最優先すべき人材〟はどのセグメントでしょうか。優先順位は次のようになります。

①ハイポテンシャル人材
②立ち上がり人材
③優秀人材
④普通人材
⑤ぶら下がり人材

実際にその優先順位に基づいて取り組みを行っている会社では、ハイポテンシャル人材や立ち上がり人材の離職やメンタル不調への対策がスムーズに進んでいるだけでなく、会

離職対策を優先するセグメントは？

優先順位	セグメント
1	ハイポテンシャル
2	立ち上がり
3	優秀
4	普通
5	ぶら下がり

社全体の組織活性が上がり、職場の雰囲気の改善につながっています。

さて、この優先順位において、優秀人材が3番目になっていることに違和感を覚えていませんか？　これについては、優秀人材を蔑ろにしろ、というわけではありません。「離職対策としての優先順位は他の2つのセグメントのほうが重要で、組織に与えるインパクトが大きい」ということをこれからご説明します。

優秀人材が第一優先ではない理由

優秀人材を重視する声を多く聞きます。今、組織を支えてくれている上位10％にあたる人たちですから、経営上、重視すべきと考えても不思議ではありません。

しかし一つ問題があります。それは、この層の人たちの労働価値にはバラつきが生じやすいことがデータからわかっていることです。それぞれがバラバラで、かつ同じ人でも変化していく労働価値に、個別に対応していくのは難しくなります。

さらに、優秀であれば当然、外部からの魅力的なオファーを受けやすく、転職のハードルも低くなります。そうなると、優秀人材の離職を防ぐ対策を打つことはそもそも難しくなります。

一方、優秀人材の離職には利点もあります。優秀人材が上を占めている組織では、属人的依存を生みやすく組織が脆弱になっていきます。「○○さんがこう言ったから」とか「○○さんと仲のいい××さんが」といった話題が多くなり、ガバナンスとしても、また経営戦略としても筋が通りにくく、合理性が失われます。

また優秀人材が固定されている組織では、ポストに流動性がなくなり、若手が伸びません。「あの人がいる限りは上にいけない」とキャリアに蓋をされていると感じたら、希望が持てなくなります。ハイポテンシャル人材の離職の多い組織では、この流動性がネックになっているケースが多々見られます。ハイポテンシャル人材は、自分の将来が見えないと転職を考えやすくなるためです。

それならば、離職したがっている優秀人材を無理に引き止めるよりは、気持ちよく積極的離職で『卒業』してもらったほうが人事戦略としては有益となることもあります。

もちろん、優秀人材を「軽視する」というわけではありません。あくまで「離職対策」の優先順位としては低いというだけです。企業として「大切に扱う」べきことに変わりはありません。

ハイポテンシャル人材が第一優先となる理由

ハイポテンシャル人材は**離職を食い止めるべき最重要人材**です。

ハイポテンシャル人材が第一優先となる理由としては、この層の人たちの労働価値は比較的似ており、一気に対策しやすいからです。「成長機会」や「強みを活かせる」といった部分を一様に重視する傾向があることから、そこに焦点をあてて、充実させる施策を打つことで、この人たちの離職を減らせる可能性が高まります。

ハイポテンシャル人材がいてくれることは、優秀人材が抜けてもその穴を埋めて組織が安定することにつながります。ここが育っているかいないかは、経営にとっては最も重要な人事案件になります。

また、ハイポテンシャル人材の活躍は、立ち上がり人材にとって身近な「モデルケース」となります。雲の上のような「優秀人材」では気軽な相談もできません。しかしハイポテンシャル人材とは、軽く相談できるかもしれません。そこから得られるさまざまな話は、立ち上がり人材にとっての希望であり、道しるべとなるのです。

このようにハイポテンシャル人材を常に育成していくことは、中長期的な成長につながります。**〝離職を食い止めるべき最重要人材〟**と位置づけることが経営としても大きな意味を持っています。

立ち上がり人材が優秀人材より優先される理由

離職対策で考えた場合、立ち上がり人材もまた、優秀人材より優先すべきです。その理由は、**立ち上がり人材の一部はハイポテンシャル人材に成長する可能性がある**からです。この人たちは、いわば「ハイポテンシャル人材の素」です。この中から次世代のハイポテンシャル人材が出てきます。

また、立ち上がり人材が離職すると、「入ってもすぐ辞めてしまう企業」というレッテルにつながり、採用において良くない印象を与えます。優秀な学生ほど、先輩などの声を聞いて就職先を選びますし、SNSや転職サイトでの風評も確認します。採用時にしっかりと企業文化とのフィット感を確認し、労働価値ミスマッチを最小限にすることが大切です。当然ながら、立ち上がり人材がイキイキと働いているということは、対外的にもわかりやすいプラスのイメージとなります。

このように、ターゲティング戦略は、

◉ＷＨＯ（誰の）
◉ＷＨＡＴ（どの課題に対して）
◉ＨＯＷ（どのようにアプローチするか）

を考えていくものです。

離職を対象としたターゲティング戦略でも、

①社員・メンバーをセグメント分けし、優先順位をつけ（ＷＨＯ）
②どの離職を取り組み課題とするか設定し（ＷＨＡＴ）
③労働価値のミスマッチを解消していく（ＨＯＷ）

この流れを意識して取り組むことが大切です。

これまでの流れで、離職対策を優先すべきセグメント（ＷＨＯ）が見えてきました。それでは次に、ＷＨＡＴとＨＯＷを考えていきましょう。

人材セグメント別・離職戦略

ハイポテンシャル人材への離職基本戦略

では、具体的にハイポテンシャル人材への離職対策はどう考えればいいのでしょうか。ここからは、人材と離職タイプに焦点を当てて、WHATを見ていきましょう。つまり、「どの離職を取り組み課題として設定するか？」について、基本戦略を通して見ていきます。

ハイポテンシャル人材の特徴として、他の人材セグメントと比べると、「能力活用」「達成」「自律性」といったキーワードを重視する人たちが多く、労働価値に偏りが見られることは既に説明した通りです（キーワードの詳細は48ページの表『14の労働価値』参照）。

離職対策の基本は「労働価値のミスマッチで生じたマイナス感情を解消することにより、活性3要素をバランスよく充実させること」ですが、項目が絞られる分、対策が練りやすいと言えます。

ハイポテンシャル人材への離職基本戦略

労働価値：能力活用、達成、自律性あたりに固まることが多い
→ 対策が練りやすい

離脱が多い場合
→疲労の蓄積やメンタルヘルス対策などがメイン

消極的離職が多い場合
→業務集中や評価の不満などにESからアプローチ

積極的離職が多い場合
→やりがいを上げるための機会創出がメイン

◉離脱が多い場合

ハイポテンシャル人材で離脱が起こる状態は望ましくありません。

能力の高い人は、仕事も集中しやすく、それだけ疲労も蓄積しやすいことに注意を向けてください。まずは疲労の蓄積に注意し、メンタル不調者が多ければ、メンタルヘルス対策が優先されます。

◉消極的離職が多い場合

ハイポテンシャル人材にとって働きづらい職場となっている可能性があります。どのあたりに問題があるのか、離職時アンケートだけでなく、従業員意識調査や1on1など、定期的にヒアリングを行うようにしましょう。

「働きやすさ」のミスマッチは、課題が明確であることが多く、課題を見つけて解決する、というシンプルなアプローチが可能です。確実にマイナス感情の発生を予防しましょう。

◉積極的離職が多い場合

「働きがい」を上げるための機会創出が主たる対策となります。ただし、働きがいとは具体的になんであるかを、慎重に検討してください。本人が重視しているものは何か。その本質を探り出さないと、ムダな施策になってしまいます。積極的離職を減らすのは、会社全体の業務内容へのアプローチが必要になることもあり、なかなか難しいのが実情です。積極的離職以外の離職を予防することから始めて、それらの施策がうまくいったあと、積極的離職を予防するための施策を打つかどうか検討する、という流れが望ましいと言えます。

立ち上がり人材への離職基本戦略

立ち上がり人材は、労働価値として「環境」「ライフスタイル」「冒険性」などが高くなり

立ち上がり人材への離職基本戦略

労働価値：環境、ライフスタイル、冒険性
あたりが高くなりやすい
離脱が多い場合
→採用時のストレス耐性チェックや価値観合わせ
消極的離職が多い場合
→業務負荷の多さや人間関係に注意
積極的離職が多い場合
→見本となるハイポテンシャル人材を複数作る

やすい人たちなので、それに向けた対策をしていきましょう。

◉離脱が多い場合

採用時のストレス耐性チェックや価値観合わせによって、不要なマイナス感情の蓄積を防ぐことが重要です。価値観については、この会社で働くことでどのような価値が与えられるのかを整理したうえで、その価値を重要視しそうな人材を採用することで、入社後のミスマッチを減らすことができます。

立ち上がり人材は、入社や転職直後の「変化への適応」により、精神的負担を受けやすい傾向があります。特に入社後3か月は、過度に業務負荷をかけることを避け、段階的に業務範囲を広げる、などの配慮を行うことが望ましいです。

◉消極的離職が多い場合

入社したばかりの立ち上がり人材には多くの変化が重なります。業務負荷の多さや人間関係に注意したいところです。特に職場でのサポートが不足していないか、よく点検してみましょう。業務サポート、精神サポートをしっかりすることで防げる可能性が大きいです。現場上長による定期的な声掛けや１ｏｎ１面談の実施、人事による会社や部署への適応状況のヒアリング、などを行うことで消極的離職の発生リスクを下げることが可能となります。

◉積極的離職が多い場合

見本となるハイポテンシャル人材を複数作ることが効果的です。もっとも、ハイポテンシャル人材が存在し、そこに焦点をあてていなければ、これは実現しません。まずはハイポテンシャル人材をきっちりと見極め、育てて定着させることが立ち上がり人材の定着に直結します。

優秀人材への離職基本戦略

優秀人材は、労働価値がさまざまなので、会社全体での離職対策が練りづらく、定着戦略が成功する確率も低くなります。

●離脱が多い場合

年齢層も高めになってくるので、まずは心身の健康への取り組みから。健康障害の原因に応じた対応が求められます。

●消極的離職が多い場合

マイナス感情が発生している要因を特定し、全社的な問題であればそれを除去していきます。しかし、もしその要因が、介護問題や体調の問題など個人要因で起こっている場合には、対応できる範囲で対応していくことになります。

●積極的離職が多い場合

優秀人材への離職基本戦略

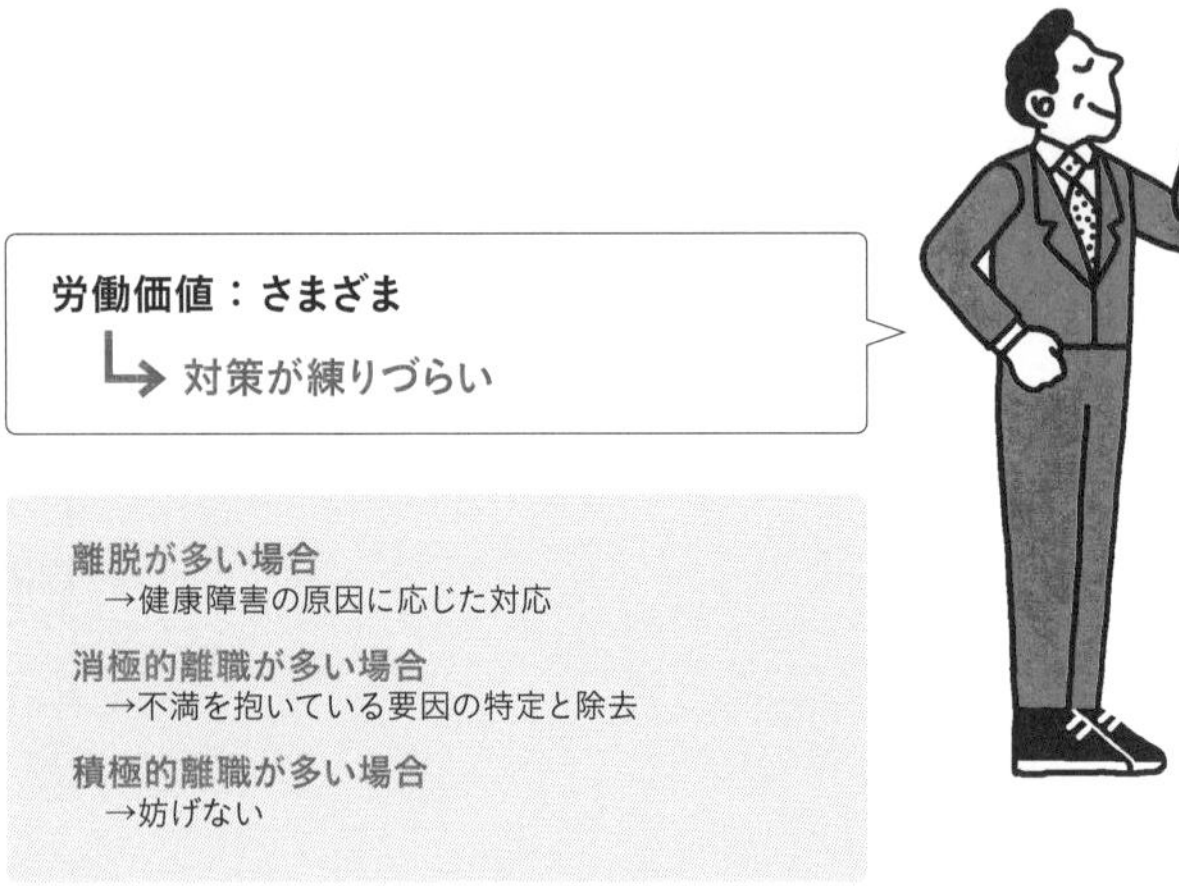
労働価値：さまざま
対策が練りづらい
離脱が多い場合
→健康障害の原因に応じた対応
消極的離職が多い場合
→不満を抱いている要因の特定と除去
積極的離職が多い場合
→妨げない

残念ながら、これを止めることは至難の業です。ここにかける労力があるのであれば、ハイポテンシャル人材や立ち上がり人材の離職対策に注力したほうが良いと言えます。優秀人材はその人が決めてしまえば、あっさりと積極的離職ができてしまいます。

どの層の課題を解決すれば効果が大きいか？

以上、ハイポテンシャル人材、立ち上がり人材、優秀人材それぞれについて、離職パターンごとの対策を解説しました。

このように、社員の置かれている状況に大きな違いがあることが労働価値のばらつきにつながるため、離職やメンタル不調など、組織が抱える課題について〝全社的アプローチ〟を行っても、なかなか良い結果は得られません。

まず、特定の層のマイナス感情を解消させることが、連鎖的に他の層のマイナス感情の解消にもつながっていきます。

セグメンテーションを行い、**「どの人材セグメントのマイナス感情を解消すると、効率よく全社的にプラスの効果が伝染するか」を考え、取り組みの順番をしっかりと設定していくこと**が重要となります。

今回取り扱った「離職対策」としてのターゲティング戦略では、ハイポテンシャル人材や立ち上がり人材などのセグメントに分けましたが、解決を目指したい課題によってセグメンテーションの仕方は当然変える必要があります。

どのような基準を用いれば、取り扱いたい課題について、考えが似た社員たちをきれいにセグメントに分けられるか？

この設定がうまくいけば、ターゲティング戦略による組織活性化の実現性はかなり高くなります。

WHATを極める——企業タイプ別離職マップ

WHATの優先順位を考える

さて、ターゲティング戦略の目的は、『組織活性を上げる人材を明確に設定し、他の人材層と差をつけてその人材層の育成と定着に注力すること。それによって、組織活性を上げること』でしたね。施策を打つ際の「優先順位の設定（ＷＨＯ）」や、主要なセグメントに対する「離職基本戦略（ＷＨＡＴ）」をご説明してきました。「ＷＨＯ（誰の）」「ＷＨＡＴ（どの課題に対して）」を設定するプロセスはもうご理解いただけたと思います。

では、実際にこれを今いる会社や組織、集団に当てはめて考えた場合、「ハイポテンシャル人材の積極的離職が多い」と「WHAT（課題）」が明確……とはならないかもしれません。

各セグメントにおいて、大体の離職傾向は見えてくると思います。しかし、ここはこういった離職傾向、ここはこういう離職傾向……と見えてくればくるほど、どこから手をつけたら良いかわからなくなる可能性もあります。

ここからは、「WHO（誰の）」と「WHAT（どの課題に対して）」を組み合わせ、優先順位を設定する方法を解説していきます。『離職マップ』を参考に、企業のタイプ別に想像を膨らませながら深堀りしていきましょう。

「WHAT（課題）」の優先順位を考えるうえでのポイントは一つです。

〝起きてはいけない離職が起きていないか？〟

これを頭の片隅に置いて読んでいただくことをおすすめします。

離職マップ❶ 立ち上がり人材の離脱にご用心

【この企業どんな企業？】

成長真っ盛りのＩＴベンチャーです。従業員数は１００名程。

若くて成長意欲が高いメンバーが多く、職場雰囲気は良好で、組織活性も高い状況です。ベンチャーということから、業務範囲も広く、ビジネススピードも速いため、主体性やスキルが追い付かないと生き残れない環境です。しかし成長したい人にとっては経験につながる会社として登竜門と思われています。

【この企業の離職傾向】

立ち上がり人材の離脱が起きています。消極的離職は発生しないことから、働きにくいのではなく、恐らく、ストレス耐性の低い人材を採用していると推測されます。

普通人材の消極的離職も少し発生しています。企業の前向きな雰囲気に適応できない人にとっては居心地の悪い職場となっている可能性があります。

ハイポテンシャル人材の積極的離職があるのは、今の会社に不満があるというよりも、ス

離職マップ❶ どんなタイプの会社でしょうか？

	立ち上がり	普通	ハイポテンシャル	優秀	ぶら下がり
積極的離職			あり	あり	
消極的離職		少し			あり
離脱	あり				少し

テップアップ型の離職が起こっている可能性が高そうです。

優秀人材の積極的離職も起きています。他社からの引き抜きや家庭の事情などがその原因として想定されます。

組織活性が高い会社であっても、離職は発生します。ただこの会社の離職の発生パターンを見る限りは悪いタイプの離職は発生しておらず、人事戦略を含め優良な経営がされているように思われます。

【離職対策アプローチ】

ではこの会社が離職対策を行う場合、どこから優先したら良いのでしょうか。

セグメント別の離職対策は、離職マッ

プを作ることから始まります。その中で、対応優先順位を次の基準で見ていきます。（離職パターンの起こりやすさについては１８４ページを参照してください）

第１優先
「優先すべきセグメント×起こりにくい離職パターン」

例えば、ハイポテンシャル人材では積極的離職が発生しやすいのですが、このセグメントで消極的離職や離脱が起こっているようであれば、早急にその原因を特定し、解消する必要があります。

第２優先
「ぶら下がりを除くセグメント×離脱」

離脱は社員にとっても会社にとっても大きなダメージとなります。メンタル不調者が続出するのには必ず理由があります。その理由を突き止めて対処をしないと、「心身コンディション」という土台のもろい『砂の城系組織』になり、組織活性が落ちやすくなります。

第3優先
「ぶら下がり×消極的定着の解消」

離職とともに多くの会社を悩ませている消極的定着へのアプローチは第3優先となります。第1優先および第2優先の課題が解消している会社が次に取り組むべき課題は、ぶら下がり人材を生み出しやすい環境の解消となります。

第4優先
「優先すべきセグメント×起こりやすい離職パターン」

各セグメントで起こりやすい離職への取り組みの優先順位は低くなります。セグメントの持つ労働価値などの特徴が大きく関与しており、解消するためにはかなり大がかりな取り組みが必要になり、かつ効果がどこまで得られるのかも不透明です。そのため、第1優先および第2優先が解決したあとに取り組むことをおすすめしています。

このケースの場合、離職対策として一番初めに取りかかる必要があるのは、第2優先に当てはまる「立ち上がり人材×離脱」です。ＩＴ業界ということで、ストレス耐性の低めの方が多いということが影響していると考えられますが、採用時のストレス耐性チェックを強化することで頻度を下げることが可能なのと、採用後の精神サポートや変化の重なりを減らす取り組みを行うことで離脱リスクは減らせます。

次に取り組むべき課題は第４優先である「ハイポテンシャル人材×積極的離職」となりますが、この層の積極的離職を防ぐためには、これまで成長してきた自分の力を試すことができる「活躍の場」を増やすことに尽きますので、実現させるのはなかなか難しいのが実情です。

離職マップ❷ ハイポテンシャル人材が傷むと企業ダメージ大

【この企業どんな企業？】

「ワンマン管理」が文化の、消費財を取り扱う商社です。従業員は３００名程。「働きやすさ」はほとんど考慮されておらず、一部のコア社員がワンマン的に事業を管理し、労働時間の長さが目立つ企業です。このやり方で生き残れない社員はいらない、といった厳しい環境ゆえに、社員がすぐに辞めるため、採用を常に行わなければならない状況に陥ってい

離職マップ❷ どんなタイプの会社でしょうか？

	立ち上がり	普通	ハイポテンシャル	優秀	ぶら下がり
積極的離職			少し	少し	
消極的離職	多い	多い	多い	少し	
離脱	かなり多い	多い	少し		少し

ます。

【この企業の離職傾向】

幅広く離職が目立ちます。

立ち上がり人材の消極的離職が多く、さらに離脱も多いのが一つの特徴です。職場環境への適応ができずに、「働きやすさ」の低下から「心身コンディション」の悪化につながっているようです。

普通人材でも消極的離職や離脱も多く、これは業務負担が重いことに加え、離職者を補うための採用が継続していることが影響しているようです。新メンバーを受け入れる機会が多く、教育負担で疲労が蓄積していることが想像されます。離職・離脱が多い企業でよくみられるパターンです。

一方、ハイポテンシャル人材の離職は、積極的離職は少なく、ステップアップのための離職というよりは、現状からの回避としての消極的離職が多く、離脱も少し見られます。どうやら、将来不安や疲労により現状からの脱出を図りたいと考える人が多いようです。

優秀人材の離職は、むしろ少ない印象です。コア社員として裁量権をもってやりたいようにマネジメントを行っているため、この会社でないと通用しないかもしれないと考えている可能性もあり、離職は少なくなります。一方、離脱の原因は、長く勤め続けてきたことによる疲労の蓄積や、場合によっては強烈なワンマン経営者からのプレッシャーで心身が傷んでしまうことが挙げられます。

優秀人材は、いわば生き残り、かつこの会社においては「勝者」と認識されているので、離職はあまり起こりません。また、新たな職場を探す点でも、この企業のやり方で成長してきた点から、なかなか難しいのかもしれません。

【離職対策アプローチ】

幅広く離職が目立つこの会社が、離職対策を行う場合、どこから優先したら良いのでしょうか。取り組むべき課題が多いため、どこから手をつけるべきか迷ってしまいますが、まずは第1優先の解消に向かいましょう。

第1優先の中でも優先順位をつけると、次の通りとなります。

① ハイポテンシャル×離脱
② ハイポテンシャル×消極的離職
③ 立ち上がり×離脱

ハイポテンシャル人材が傷んでいる組織では、立ち上がり人材がハイポテンシャル化することは期待できません。それどころか、暗い将来が予見されるため、どんどんと離職や離脱をしていきます。ハイポテンシャル人材の救出を行わない限り、この会社が離職と採用を高速で回さなければならない状況は解消されません。

離職マップ❸ ぶら下がりが固定化するとこうなる

【この企業どんな企業?】

創業50年の歴史ある製造業です。従業員は570名程。年功序列型のまさに日本型雇用システムを有し、安定感は抜群です。離職は少なく、経営も安定はしているものの、活気はなく、組織としての活性はなかなか維持するのが困難な状況にあります。

【この企業の離職傾向】

立ち上がり人材の離職や離脱は少ないのがこの会社の特徴です。入社後のフォロー状況次第で、まれに適応不良からの消極的離職や離脱が起こることがあるようです。

普通人材の積極的離職も少しだけあります。社内の停滞感を感じ、新しい職場を探す人が一定の割合で出てくるようです。

なによりも、ハイポテンシャル人材の積極的離職の多さが目立ちます。次代を担う人材

離職マップ❸ どんなタイプの会社でしょうか?

	立ち上がり	普通	ハイ ポテンシャル	優秀	ぶら下がり
積極的離職		少し	多い		多い + 辞めない
消極的離職	少し				
離脱	少し				

が流出しています。社内全体の活性の低さに問題意識を持ってきたが、これからもこの会社は変わらないだろうと見放され、成長意欲の高い人材からステップアップを図りたいと他社へ移っているようです。

優秀人材はほとんど離職していません。幹部社員はほとんど変わらず、新たな取り組みを取り入れることもなく、目先で起こった課題の解決をするだけなので、「働きがい」は高くなくても、「働きやすさ」は下がらないため、定着しています。

また、ぶら下がり人材が増大しており、辞める人はわずかです。これは、「働きやすさ」という観点で現状が安定しており、職場に満足しているからです。いわば固定化が起きています。

組織活性の低さが顕著にみられ、今後何かしらビジネス環境が変わったりすると、変化への適応ができず、組織全体での機能不全が起こる可能性もあります。

【離職対策アプローチ】

この会社の組織活性を改善するためには、ぶら下がり社員の比率を下げてハイポテンシャル人材を定着させる必要があります。そのためには、やる気のある社員が「働きがい」を持つことができるような施策、例えば新規事業を行う、評価制度の見直し、教育制度の導入などが必要となります。

立ち上がり人材の離脱や消極的離職は気になるものの、この会社の一番の問題は第3優先である「ぶら下がり化」です。ぶら下がり人材を生み出してしまった要因がないか確認して可能であればそれを解消していくことになりますが、それと同時に、ぶら下がりしづらい環境を作ることも大切です。評価制度の見直しなどが具体的施策として挙げられます。巻末の特別収録にてぶら下がり化からの脱却法を解説しているので、参考にしてください。

離職マップ❹ 組織活性を生む、戦略的な人材流動

【この企業どんな企業？】

手広くビジネス展開をしている総合サービス業です。従業員は1万人以上の大企業。ここには、若いうちにいろんな経験をしたい社員が次々と入社してきます。そしてまるで学校のように、自分の経験や技術を高め、そして自分を高く買ってくれるところに転職したり、夢を求めて起業をしていきます。企業としても、無理に定着を図るのではなく、従業員の循環を良くすることで活性を高め、維持していく戦略を持っています。

【この企業の離職傾向】

立ち上がり人材は消極的離職が少しありますが、むしろ離脱の多さが目立ちます。環境への適応ができずに心身の状態が悪化してしまうようです。

普通人材の積極的離職が多いのは、学べることが減ってきたことで、自分の成長のために、より高いレベルの職場を探す傾向が強いからだと考えられます。

離職マップ❹ どんなタイプの会社でしょうか？

	立ち上がり	普通	ハイポテンシャル	優秀	ぶら下がり
積極的離職		多い	多い	多い	
消極的離職	少し	少し			少し
離脱	多い				少し

ハイポテンシャル人材の積極的離職も多く、魅力的なビジネス機会を常に探しており、チャンスがあれば離職していくことがわかります。会社に対してマイナス感情は抱えておらず、むしろこの会社で働けたことを誇りに思う、ということもあります。

優秀人材の積極的離職も多くなっています。その多くは、自分がやりたいことを実現するための積極的離職です。この職場では叶えられないことを実現するために離職しますが、ハイポテンシャル人材同様に、会社に対してのマイナス感情は発生しないのが特徴です。

【離職対策アプローチ】

積極的離職が多く発生しており、しっかりとした対策が必要なように見えますが、優先順位をつけるとわかるように、積極的に取り組むべき課題は「立ち上がり×離脱」くらいです。立ち上がり人材の離脱は、採用時のストレス耐性のチェックが甘い、採用後のサポートが少ない、入社前に持っていた会社のイメージと現実に大きな乖離が生じた、などの原因で起こることが多いため、離脱の原因を分析し、そのリスクを下げるための施策を打つことが有効です。

このタイプのタレントマネジメントを行うことを私は「ステップを極める」と表現しています。詳細については巻末の特別収録を参照してください。こういう会社では戦略的に積極的離職を起こしており、それを『卒業』として推奨することすらあります。

ただ一点気になるのが、第4優先の「ハイポテンシャル×積極的離職」の多さです。積極的離職を推奨するのはいいのですが、ハイポテンシャル人材の層が薄くなると、優秀人材の離脱をカバーすることができなくなり、組織力が下がるリスクがあります。第1優先である立ち上がり人材の離脱を抑制しつつ、ハイポテンシャル人材が「もう少しこの会社にいてもいいかな」と思わせるような仕掛けができるのが理想的です。

ハイポテンシャル層を厚くするために、立ち上がり人材をしっかりと育てたうえで他のセグメントの積極的離職を推奨するという戦略は組織活性を高く維持するのにとても有効であるため、これから5～10年ほどでこの戦略を採用する企業が大幅に増えるだろうと予想しています。

WHOとWHATの設定が戦略の肝

本章では、組織の病巣を取り除くためには「ターゲティング戦略」が有効であることをお話ししました。

ターゲティング戦略の目的は『組織活性を上げる人材を明確に設定し、他の人材層と差をつけてその人材層の育成と定着に注力すること。それによって、組織活性を上げること』。やみくもに社員みんなにとって「良い施策」を行うのではなく、**今ある課題を解決し組織活**

性を上げるために、どの層にとって「良い施策」であるかを見極めることが、組織活性向上に向けた最重要事項であることもお話ししました。

今回は離職対策を例にターゲティング戦略を説明しましたが、解決を目指したい課題によってセグメンテーションの仕方は変えてください。

ターゲティング戦略の肝は、

◉ＷＨＯ（誰の）
◉ＷＨＡＴ（どの課題に対して）
◉ＨＯＷ（どのようにアプローチするか）

を考えていくことです。

その結果として組織活性が上がります。

特にＷＨＯとＷＨＡＴを明確に設定することが人事施策の成否に大きく影響するということを、覚えていただけると幸いです。

4章 まとめ
Chapter 4 Summary

- マーケティングの基本であるSTP「S：セグメンテーション（顧客の細分化）」「T：ターゲティング（顧客層の設定）」「P：ポジショニング（顧客層に自社をどのように認識してほしいのか決める）」は、組織を活性化するための組織戦略にも役立つ。
- 組織戦略を実施する際には、人材のセグメンテーションを行い、「どの人材セグメントのマイナス感情を解消すると、効率よく全社的にプラスの効果が伝染するか」を検討し、取り組みの順番をしっかりと設定していくことが重要。
- 離職対策の際、最優先すべき人材セグメントは「ハイポテンシャル人材」。労働価値が比較的固まっていて対策が練りやすいうえ、優秀人材の穴埋めや、立ち上がり人材の身近なモデルケースにもなりうるため。
- 自社の離職傾向において「優先すべきセグメント×起こりにくい離職パターン」がみられれば、そこから優先的に対処していくべき。

第5章

組織活性化のための「正しいデータ活用法」

マイナス感情の見える化に挑む！

HOWを決めるために必要な「材料」

ここまで読んで、HOW（具体策）をすでに描けている人もいれば、自分の組織の状況では、HOW（具体策）を決めるための「材料」がまだ足りないと思われた方もいるのではないでしょうか。HOWの意味は「どのようにアプローチするか」です。経営・人事・現場が連携し合いながら取り組む必要があることは序章で述べた通りです。

では、HOWを決めるための「材料」とはなんでしょうか？
それは、「データ」です。データを用いて組織の現状を把握することなしに、HOWは描けません。データと聞くと、数字化された資料という印象が強いと思いますが、実際に現場で集めた声や普段現場で感じている感覚、それらも一つのデータです。もちろん、従業員意識調査などの結果もデータです。

ただし、現場の声や感覚は「定性データ」と言われる数値に表せないデータであり、特定の事象についての具体的な意見を集めるのには向いていますが、幅広く組織の状態を把握するためのデータとして使用するのには向いていません。一方、従業員意識調査は「定量データ」という数字で把握できる情報であることから、部署間や年次別での比較など、組織状況の可視化や定点観測に向いています。

本章では、多くの会社が保有しているであろう**「数値化されたデータ」**に注目します。どのようにデータを集め、どのようにデータを分析すれば役に立つ材料として具体策へとつながるのか。その最善の道を辿ってみます。

マイナス感情の蓄積はどうやったら見えるのか？

離職や離脱はじめ組織課題への策は、シンプルに**「マイナス感情を最小化」**させることです。よって、まず、個人および組織へのマイナス感情蓄積の現状を把握する必要があります。

企業では、従業員意識調査やストレスチェックを代表にこれまでもさまざまなデータを取っていると思います。ただし、これまで「マイナス感情の蓄積」にフォーカスしてデータを分析してきたことはあまりなかったのではないでしょうか。

では、どうすればマイナス感情を把握できるのでしょうか。

ひとりひとりの労働価値のミスマッチを確認していくのが確実ではあります。しかし、現在、従業員意識調査や面談などさまざまな試みをしているものの、うまくいっていない感覚を持っている人もいるのではないでしょうか？

そこで必要なのは、**セグメント別の組織活性に注目すること**です。

どのような調査でも、何を聞かれたとしても、個人特定につながる調査は社員に嫌がられるうえ、無理やり個人データを取ったところで、回答の正直さには疑問が出ます。また、個人活性は社員それぞれの労働価値によって大きく変動します。会社としても、聞いたからには何かしら対策をしなければならないというプレッシャーを抱えるでしょう。

マイナス感情の蓄積はどうやったら見える?

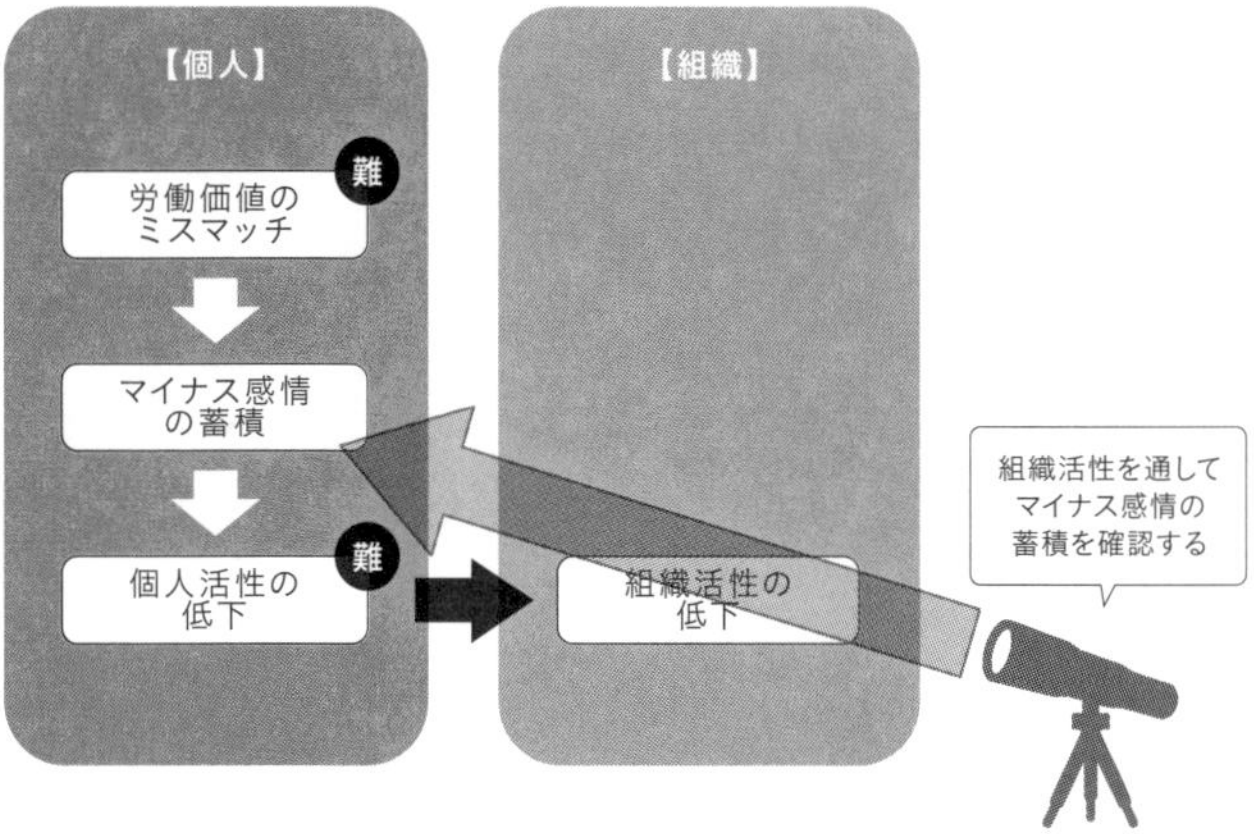

まれに、個人データをやたらと知りたがる人もいますが、知ることのリスクや責任は十分理解したうえで、データを扱う必要があります。

一方で、組織でデータを見た場合はどうでしょうか。業務内容や人間関係を共有している「部署」や、4章で使用した人材セグメントなど、労働価値や業務内容、業務環境のばらつきを最小限に抑えた状態で組織活性を見ることで、個人の要素が薄まり、組織の状況がより明確に見えてきます。

「このセグメントには、こうしたマイナス感情が蓄積されている」ということがわかれば、課題を優先順位づけして対応することが可能となります。

従業員意識調査を表面的に捉えていないか？

組織活性を見る最善の方法は、従業員意識調査を実施することです。「なんだ、それならうちもやってるよ」と思われたかもしれませんが、ただ実施しただけで終わらせず、結果につながる調査にしていくことが必要です。

そのための注意点は大きく三つあります。

まず、「調査のための調査」にしないこと。

「そろそろ意識調査をしておきましょうよ」「そうだな、一年に一回はやっておくか」といったように、いつのまにか調査すること自体が目的になっていないでしょうか。従業員意識調査の結果は、経営者および管理職の興味を引きますが、適切な実施目的の設定とその後のアプローチなどを行わない限り、「占い」とそれほど変わらず、実施しても無駄になります。ところが、目的のはっきりしないままに従業員意識調査を行い、効果的な施策も打てずに終わる組織は、想像以上に多いようです。

二つ目は、見るべきポイントをぶらさないことです。

従業員意識調査で重要なことは、「社員の労働価値を把握し、組織が提供している価値とのミスマッチを見つけること」にあります。それを把握することで、マイナス感情の蓄積を予測できます。このポイントがズレてしまうと、取り組むべき施策を見誤り、「良かれ」と思って社員が求めていない施策を打ってしまうような状況に陥ります。

三つ目は、適切な専門家分析を行うことです。

例えば、大抵の場合、スコアの大きな変化には複合的な原因があります。単に「業務負荷」が増えたという表現でも、単なる業務繁忙によるものだけでなく、上司のマネジメントエラーが絡んでいたりと、複数の原因が絡み合っているのが普通です。

従業員意識調査の結果を表面的に理解することは簡単ですが、実際には複数の要因が絡まって結果が出ています。表面的なデータだけを見るのではなく、専門家の助けを借りて、複数の項目を組み合わせてみることで、結果から得られる価値は数倍に膨らみます。

従業員意識調査はくれぐれも慎重に

従業員満足度が高い＝組織活性が高い、は本当か？

従業員意識調査で特に注目度の高い項目の一つとして「従業員満足度（ES…Employee Satisfaction）」があります。「従業員満足度が高いのであれば組織活性は高いと考えて良いか？」とよく聞かれます。結論から述べると、従業員満足度が高いからといって、組織活性も高いとは限りません。

3章で述べた通り、「心身コンディション」「働きやすさ」「働きがい」をバランスよく上げていくことで、はじめて組織活性の向上につながります。

従業員満足度は、「働きがい」の影響も受けますが、主に「働きやすさ」による影響を受け

社員満足度と組織活性の関係性

Q：社員満足度が高い＝組織活性が高い?

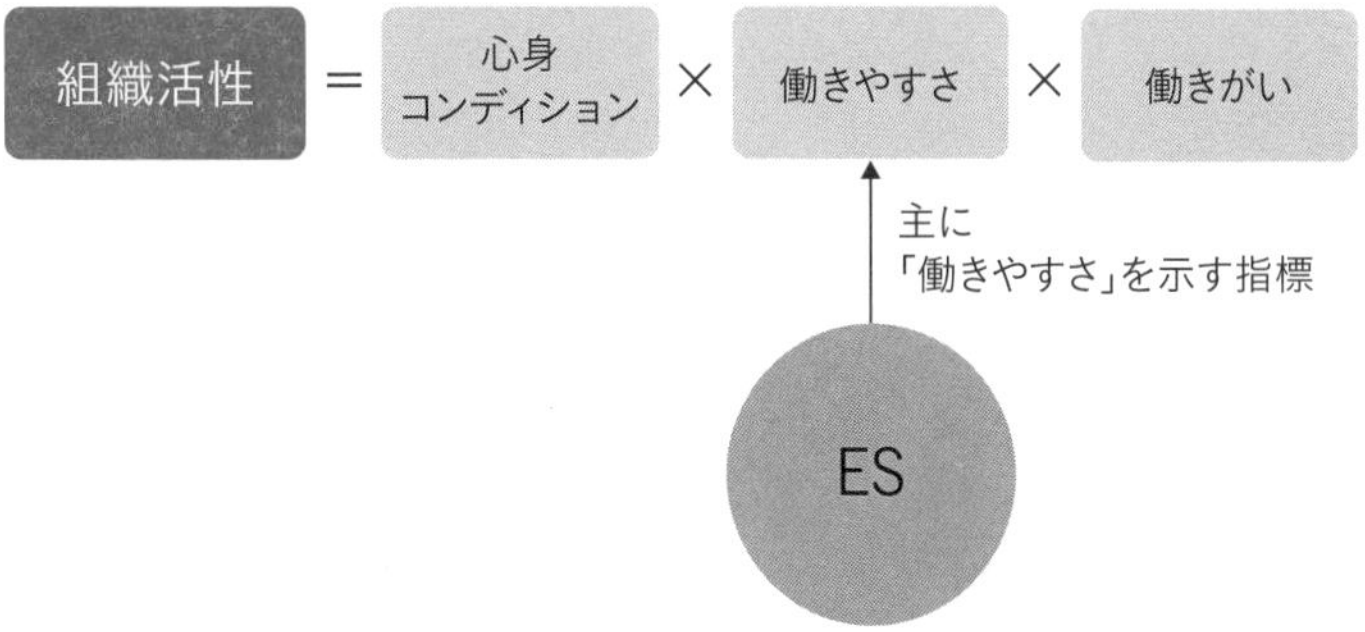

ることがわかっています。「働きやすさ」は過度に与えると「ぶら下がり」を生み出す危険性もあることは140ページで説明しましたが、従業員満足度が高く（≒「働きやすさ」が高く）、「働きがい」があまりない組織では、ぶら下がり傾向が見られる社員の比率が特に上がりやすいことがわかっています。

組織が抱える課題を解決するために得たい情報は、「働きがい」「働きやすさ」「心身コンディション」の3つからなる組織活性です。

「働きやすさ」の影響を強く受ける従業員満足度だけでは、組織活性を把握することはできません。

一つの指標だけで見ると危険

「働きやすさ」と「働きがい」は両立しないことがあります。

「働きがい」と「働きやすさ」。ともに高ければ、組織活性も当然高くなります。

「働きやすさ」は高いが、「働きがい」があまりないのなら、組織活性は低くなります。3章で説明した『ぬるま湯系組織』です。従業員満足度が高いのに、組織活性の手応えが感じられないなら、この状態に陥っているかもしれません。

「働きがい」は高いが、「働きやすさ」の低い職場では、『やりがい搾取系組織』となっていきます。次々と新しい人材が「働きがい」を求めてやってきますが、あまりにも「働きやすさ」が乏しいため、定着しません。これも組織活性は低いと言えます。

「働きがい」も「働きやすさ」も低いのなら、そもそも組織活性など起こるはずもないので、『不活組織』となってしまいます。

次のページの図のように、縦軸に「働きがい」、横軸に「働きやすさ」をとってみます。従業員満足度は、主に「働きやすさの幅」を知ることはできますが、「働きがい」の高低まではわかりません。仮に従業員満足度が高かったとしても、それが『高活性組織』なのか『ぬる

一つの指標だけで見ると危険

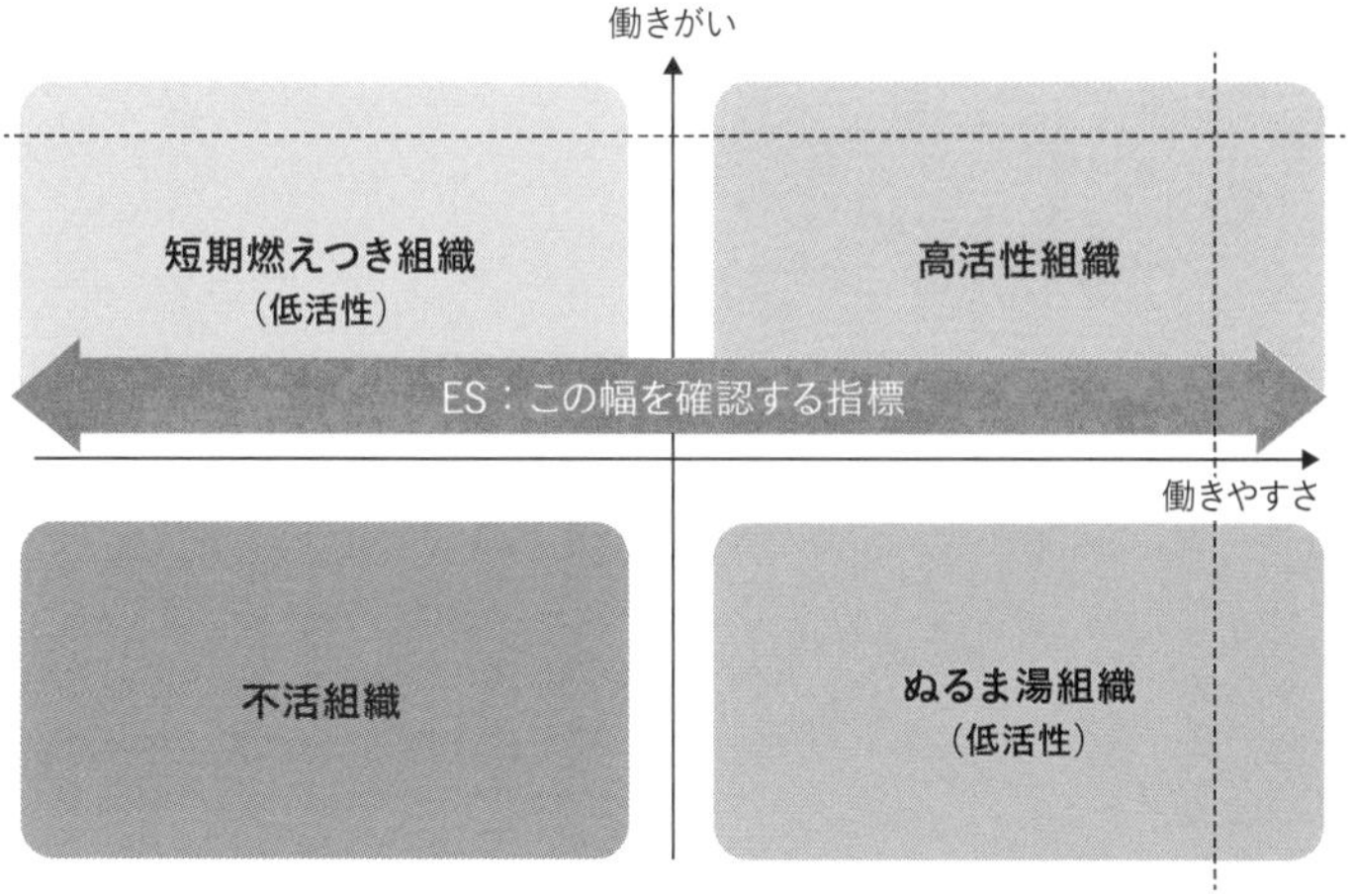

ま湯系組織』なのかはわからないのです。

組織活性を把握するには、複数のデータを組み合わせること

個人面談やチームミーティングといった現場から得られるデータ（情報）をもとに、組織の活性状況を感触で掴むことも重要ですが、組織の活性状況をより詳しく把握するには、客観的な質問からのスコア化を併せて行うことをおすすめします。

　では、スコアから組織活性を見るために、どのような指標を見て分析すればいいのでしょうか。

従業員満足度は当然、必要です。それに加えて、「心身コンディション」については、「ストレス反応」という項目でチェックします。「働きがい」については、当社では「やりがい」という項目を設定・調査してスコア化しています。もし既に会社で調査を実施していて、調査結果を見ることができるようでしたら、あなたの会社で使われている調査の中にも似た項目があるはずなのでチェックしてみてください。

なお、「定着」や「幸福度」の項目を重視している方もいらっしゃるかもしれませんが、それは、「心身コンディション×働きやすさ×働きがい」の3つおよび外部環境とのバランスにより影響を受ける項目となります。複数因子が絡んでいる項目なので、単独で見てもあまり意味がなく、他のデータと組み合わせて分析することで、背景にある組織の課題が見えてくることがあります。

一般的に、多くの会社では、言葉は違うかもしれませんが、「心身コンディション×働きやすさ×働きがい」に関する従業員意識調査はされているはずです。どの調査のどの項目が、この図のどこに当てはまるかを考えて振り分けながら分析をしてみてください。

全体見ること＋各項目見ること

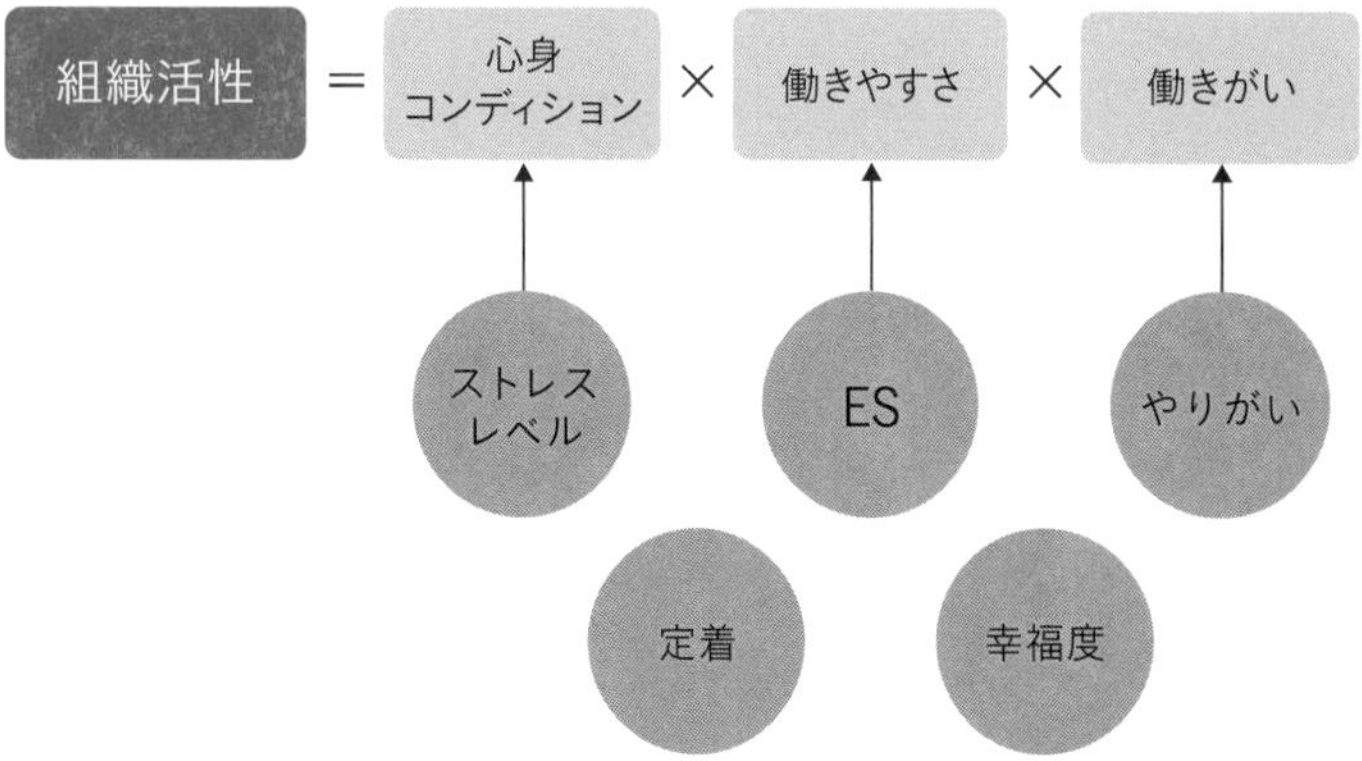

目の前にある「良いデータ」「悪いデータ」が、「心身コンディション×働きやすさ×働きがい」のどこに当てはまるかをイメージしていければ、組織活性の状態を把握できます。そのうえで、「うちの場合は、このデータが働きやすさを損ねている」とか「この部門では、このデータが働きがいを左右している」といったように、経験を積みながら分析していきます。

分析を始めようとすると、意外にもデータ化されていない項目があったり、部門によってまったくデータがなかったりといったことにも気がつきます。調査項目を充実させていくことで、より精度の高い組織活性の分析につながります。もちろん、部署別や男女別、役職別、入社年度別などで相対的にデータを見ると、今まで見えてこなかった課題のあぶり出しが可能となります。

また、人事施策の実施の効果を確認するために、前回比を見ることも重要です。ＰＤＣＡを回す際に、客観的なデータで分析をすることで、施策の効果測定および今後に向けた改善ポイントの特定ができるようになります。

労働価値グラフを作成すると、優先すべき病巣が特定できる

従業員意識調査にはさまざまな項目が含まれています。給与、業務負荷、ワークライフバランス、人間関係、上司関係、同僚関係など、さまざまある労働価値に関わる項目については、「労働価値グラフ」を作ると、今後の対策についてとてもわかりやすくなります。

当社の行う従業員意識調査では、横軸を重要度（各項目について社員がどの程度重要視しているか）、縦軸はスコア（実際に社員が価値を与えられていると感じる度合い）とした

労働価値グラフ：小項目を見るときの注意点

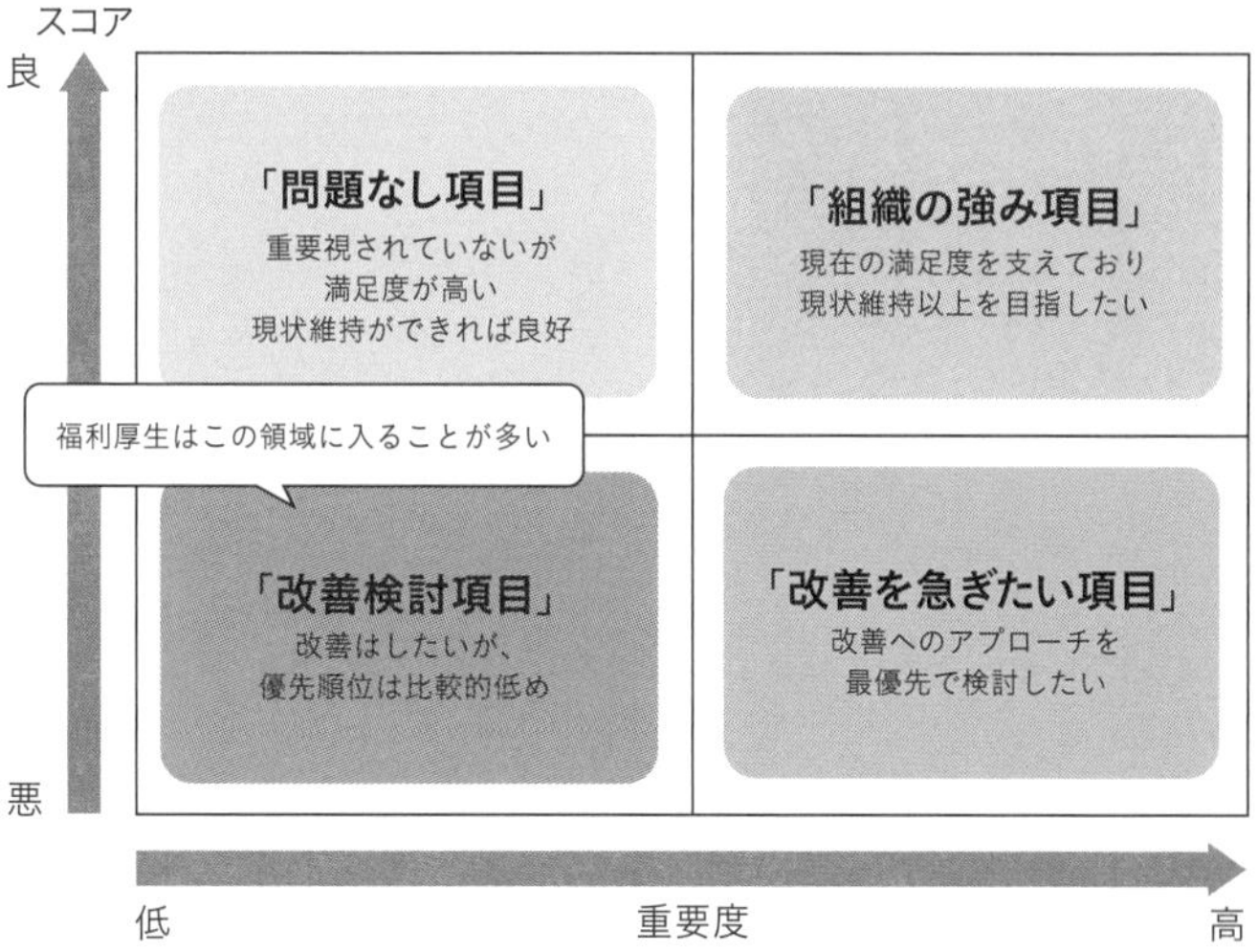
スコア
良
悪
「問題なし項目」
重要視されていないが
満足度が高い
現状維持ができれば良好
「組織の強み項目」
現在の満足度を支えており
現状維持以上を目指したい
福利厚生はこの領域に入ることが多い
「改善検討項目」
改善はしたいが、
優先順位は比較的低め
「改善を急ぎたい項目」
改善へのアプローチを
最優先で検討したい
低
重要度
高

グラフを作成し、データをプロットしていきます。

右下に入る項目は、重要度が高いのにスコアが低いのですから、改善すべき項目です。

右上は、この組織の強みを示します。維持していくように意識したい項目です。

左上はスコアがよくて重要度は低いのですから、問題なし。現状が維持できれば、特に施策は不要な項目です。

左下はスコアが悪いものの重要度も低いので、改善を検討したい項目ではありますが、優先順位は低くなります。「できればやってみよう」という項目。

組織として意識を最初に向けるべきは、右下の「改善を急ぎたい項目」です。

ただし、ここにあるものを、すべて急いで右上へ持ち上げるべきかは、経営的な判断とも関わります。ここでも優先順位をつけていくことになるでしょう。

ある会社で「労働価値グラフ」を作ってみると、給与は重要度が高いのに、スコアは低く、右下の改善すべき項目になっていました。

一方、福利厚生はスコアが低いものの、重要度も低く出ていました。つまりスコアが低いからと言って仮に福利厚生を改善しても、組織活性にはあまり良い影響が出ないということがわかるかと思います。

また、その会社では、前回の結果で右下にあった「人間関係」「上司・同僚関係」は翌年に改善されて右上へと上がっていきました。その一方で、給与はほとんど上昇せず、またしても改善を急ぐべき重要項目となっていました。そして福利厚生や人事制度は改善されてスコアが上がっていきました。残るは給与への不満だけが右下に存在する項目となっています。

そして大事なこととして、従業員満足度は高めで維持されており、やりがいは前回同様に平均的、というデータとなっています。

ここで経営の問題となります。「給与を全体的に上げるべきでしょうか？」

この問題に対して、その会社の経営者は、「働きやすさを主に見る『従業員満足度』が高めであることから、働きやすさを増やすための給与上昇は、今後ぶら下がり化を招くリスクがあるために危険」と判断しました。

一方、働きがいを見る「やりがい」が平均的であることから、評価制度の見直しなどで、働きがいを可能な範囲で上昇させるような施策を打つことにしました。また、「うちはステップを極める方針で行こう！」と、過度の定着戦略は打たず、人材の流動化を高め、成長路線を維持していくことを経営陣は確認。そして『ハイポテンシャル人材の層を厚くすること』をタレントマネジメントの柱とした取り組みを行った結果、ぶら下がり社員が減り、ハイポテンシャル人材が定着するという「離職最適化」ができるようになりました。現在も継続的に従業員意識調査を行い、定期的に状態を把握し施策の調整を行っています。

「データを取るだけ」では意味がない

このように、自分たちの組織を解剖するには、従業員満足度も大事ですが、それだけでは組織活性が見えてこないので、**いくつかの指標を複合的に見ていく必要**があります。

人事領域の施策として活用できるデータにしていくためには、専門的な見地からの多角的な分析が不可欠です。

先に組織活性を見るための従業員意識調査についてお話しましたが、せっかく調査をしても「専門的な分析をしない」ことで、せっかくのデータを無駄にしてしまっている組織も多く、とても残念なことです。膨大なデータの数値をそのまま捉えて、欲しい結論に結びつけてしまう、読み替えてしまうのでは、組織活性につながりません。人員不足で手が回らないという事情もあると思いますが、もったいない結末です。本来の、調査目的である「組織活性を通してマイナス感情の蓄積度合いを確認すること」を達成するために、専門知識を活用して、しっかりとした分析を行うことが、データが持つ本来の価値を活かすことにつながります。従業員意識調査をしても専門的な分析をしなければ、その調査の価値は本来持つ価値の半分も活用できていないだろうと私は考えています。

もしかすると、組織内に専門的に分析されていないデータがたくさん溜まっていませんか？　それを活用できれば、さらにすばらしい施策となって、組織活性を高めていくことにつながるはずです。**もし従業員意識調査が効果的ではないと感じている会社があれば、それは、データが役に立たないのではなく、分析がしっかりと行われていない可能性のほうが高いです。**

データには、それぞれに関連性があり、しかも読み解く順序があります。どんな順序でデータを見ていくか、辿っていくかによって、分析結果から言える結論が変化します。もし人事部門では忙しすぎてやりきれないのなら、プロに頼ったほうが確実です。

以上、組織のココロ見える化の具体的方法を説明してきました。「ＨＯＷ（どのようにアプローチするか）」を決めるための材料は、「データ」です。それは、冒頭で述べた通り、面談やチームミーティングといった現場から得られる声や感覚、そして従業員意識調査をはじめとした数値化されたデータも含まれます。

あらゆるデータを活用するためには、「なんのためにデータを集めるのか？」目的を明確にすることが必要です。目的は、**「労働価値のミスマッチからの『マイナス感情の蓄積』を把握、予測すること」**です。そして、データを取ったあとは、分析のリソースを確保し、多角的に分析を行うことが欠かせません。目的に沿ったデータとその分析という「材料」があれば、ＨＯＷを描くのは難しいことではないと言えるでしょう。

5章のまとめ

◉組織戦略における対象と課題を特定し、どう実行するかを決めるのに必要な材料が「データ」。セグメント別の組織活性に注目し、どのセグメントにどんなマイナス感情が蓄積されているかわかれば、課題の優先順位をつけることができる。

◉従業員意識調査の際は、「調査が目的」の調査にしない、見るべきポイントをぶらさない、適切な専門家分析を行うなど、形骸的な調査に終わらせないことが重要。

◉「働きやすさ」の影響を強く受ける「従業員満足度（ES）」だけで組織活性を把握することは不可能。従業員満足度が高いからといって、組織活性が高いとは限らない。

◉「労働価値グラフ」を作成すると、「問題がない項目」「組織の強みとなる項目」「改善を急ぎたい項目」「改善を検討する項目」を特定でき、課題の優先順位をつけやすくなる。

◉組織活性を正確に把握するにはいくつかの指標を複合的に見ていく必要があり、複数の要因が絡まっているため、専門家の助けを借りることも検討する。

終章

「社員を幸せに」する前にやるべきこと

幸福で傷んだ組織を救えるか？

病巣に向き合わない、という選択肢

本書の第1部（第1、2、3章）では、

◉社員それぞれが持つ〝労働価値〟と会社が提示できる価値とのギャップにより『マイナス感情』が発生し、それが個人のココロに蓄積して〝個人活性〟が下がる

◉マイナス感情がやがて周囲の人や組織に伝染することで〝組織活性〟が低下（＝『病巣』を形成）した結果、離職やメンタル不調などが起こる

ことを説明しました。

続いて第2部（第4、5章）では、組織を蝕んでいる『病巣』を取り除く方法として、

◉「WHO（誰の）・WHAT（どのような課題に対して）・HOW（どのようにアプローチするか）」を決めて取り組む『ターゲティング戦略』を通し、マイナス感情の最小化を図ることが有効であると説明しました。

特に今、多くの組織で重大な課題となっている「離職」については、WHOとWHATの組み合わせによって取り組むべき課題の設定を行う過程を、ケーススタディーを通して詳しく解説しました。

「組織課題を解剖し、マイナス感情の蓄積で生じた『病巣』を丁寧に取り除くことで、組織活性および個人活性を高く保つことができ、社員が活き活きと働く環境を実現できる」

私はそう考えています。

その一方で、「病巣をあえて取り上げず、従業員の幸福度を上げることだけに集中することでマイナス感情は最小化でき、離職やメンタル不調の問題も解決できる」という考え方もあります。

社員の幸福度が上がれば、そうした課題は解決できるのでしょうか。終章では、これまでの振り返りを兼ねて、「社員の幸福を上げる施策とターゲティング戦略の関係性」について考えていきます。

社員の幸福度を上げることで、組織が得られる効果とは？

社員の幸せと組織パフォーマンスの関連は多くの研究で取り上げられています。例えばユタ大学のテニー氏らによる２０１６年の論文では、社員の「主観的ウェルビーイング（心身の健康と幸せ）」が組織に好影響をもたらすことを明らかにしました。

「ウェルビーイング（well-being）」とは、身体的、精神的、社会的に良好な状態にあることを意味しており、「幸福」と翻訳されることもあります。社員が自身の健康状態が良好で幸福だと感じることが、健康増進はもちろんのこと、欠勤の減少、自制心の上昇、モチベーションの上昇、創造性の増加、良い人間関係、離職の減少など好影響をもたらし、それらの結果として、組織・個人の良いパフォーマンスにつながるのだろう、と論文の中で結論付けられています。

経営として「社員の幸せ」を考えることで、個人のみならず組織のパフォーマンスを高めていく、というのが幸福追求型の組織マネジメントとなります。

組織が社員に求めているのは、突き詰めれば、活き活きと能力を発揮し、会社に貢献してくれることに尽きます。そのためには、社員を幸福にするような施策が必要だと考えるのは当然の流れで、この5年ほど、日本でも組織活性に関連させた幸福論が度々取り上げられてきました。

「社員に幸せになってもらう作戦」にも盲点が……

社員の幸福が組織活性化につながることは確かでしょう。それでは、組織として社員幸福度を追求する施策に取り組めば、離職や欠勤、モチベーション低下などの問題が本当に改善するのでしょうか。

答えはＮＯだと私は考えています。

離職や欠勤、モチベーション低下などの問題が起きている組織は、既にマイナス感情が蓄積した、病んでいる組織です。「すでに幸せな組織で働いている人」をさらに幸せにするための施策なら効果はあるでしょうが、「すでにマイナス感情を多く抱えている人」に対して「みんなの幸福度を上げましょう！」という施策を行ったところで、それが社員のココロを動かすとはとても思えないからです。

今の時点で「幸せではない」状態なら、必ずマイナス感情が蓄積しています。そこで幸せ追及をはじめても、現実とのギャップが大きすぎるため、社員はかえって「シラケる」という現象が起こります。「今の状況で幸せなんてとても想像できないのに、会社は何を言っているんだ」という状態です。

現時点でマイナス感情を抱えている人が「幸せ」という高みを目指すのは、「背中に重り

幸せ追求にも盲点が…

マイナス感情が
蓄積している場合は
幸せ追求をしても「シラケる」。
マイナス感情の
除去を先に行う方が効果的
幸せを
増やそう!
幸せなんて
想像できない…
幸せ
重りを抱え
ながら幸せ
追求するのは
非効率
稀な組織
マイナス
感情
「とても良い状態」の組織が
「さらに良くなるため」には幸せ追求でOK
多くの組織

を抱えて山を登る」のと同じです。マイナス感情によって心身の状態が低下している人が、通常よりも大きなエネルギーを消費してまで山を登ろうとするモチベーションを見出すのは難しいもの。過度に「幸福の追求」を組織として押し付けようとすると、「重りを抱えた登山を強いられている」ような感覚を社員が持つのは当然の流れです。この現象が起こると、社員は会社に対して不信感を持ち、ストレスが増加する、ということもよく起こっています。

つまり、「いっぱい幸せを提供しさえすればみんなハッピーになる」というわけではないのです。マイナス感情が蓄積

会社がたっぷり提供＝幸せ増す？

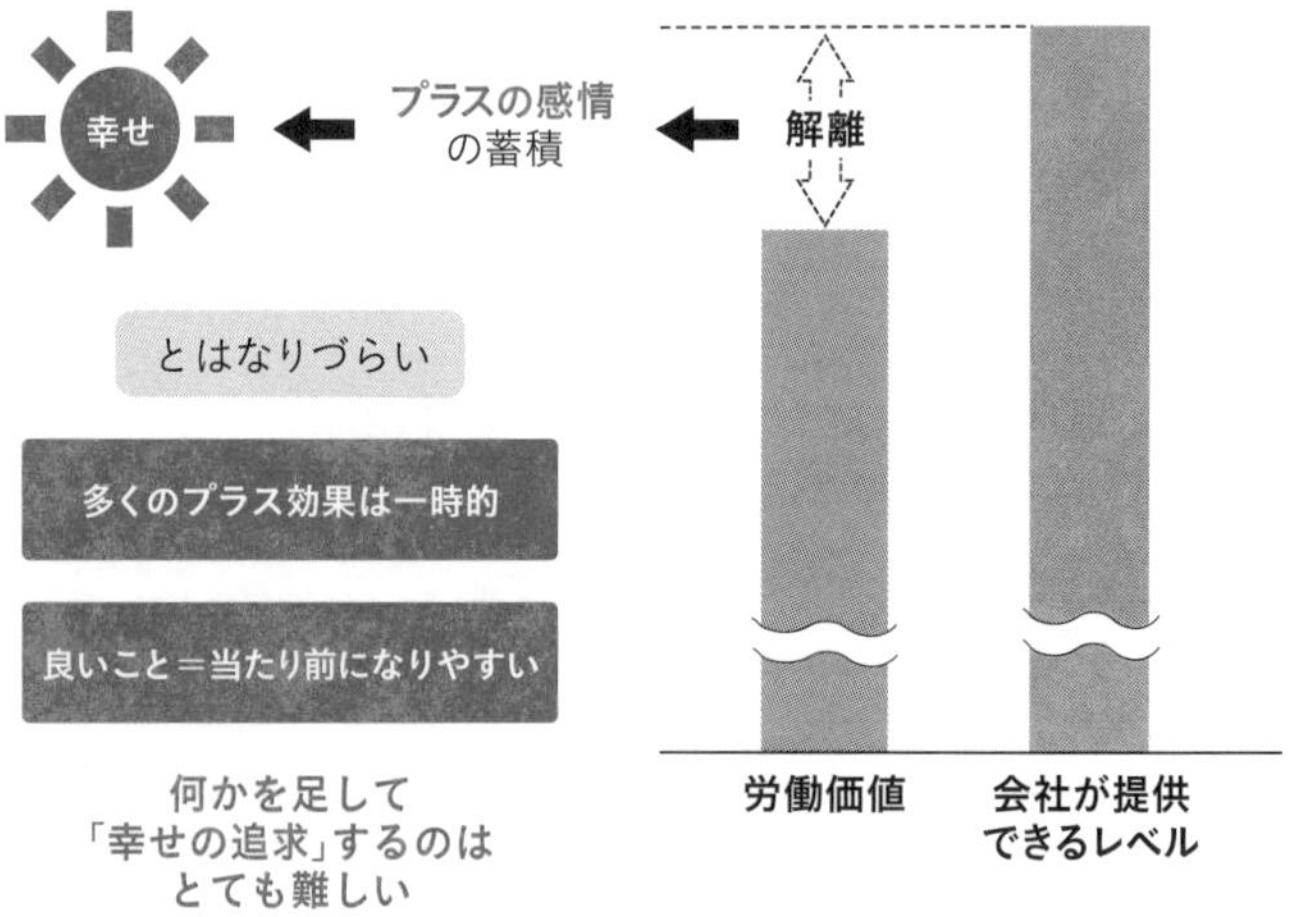

幸せ
プラスの感情
の蓄積
解離
とはなりづらい
多くのプラス効果は一時的
良いこと＝当たり前になりやすい
何かを足して
「幸せの追求」するのは
とても難しい
労働価値
会社が提供
できるレベル

している職場に対し、マイナス感情を無視して、プラス感情を生み出しそうな施策を行っても、プラス感情が蓄積することはほとんどありません。マイナス感情がプラス感情に変換される可能性もほとんどありません。

そもそも、長期間蓄積されてなかなか消失しづらいマイナス感情とは異なり、プラス感情は一時的な効果しかなく、蓄積しづらいという性質があることは1章で説明した通りです。

「多くのプラス効果は一時的であり、良いこと＝当たり前になりやすい」という特性を考えると、「ポジティブな施策を足してプラス感情を蓄積させ、幸せをも

マイナス感情を減らす→幸せに近づく

たらす」ということがいかに難しいかおわかりいただけるかと思います。

さらに厄介なことに、プラス感情を生み出すための施策を過度に打ち出してしまうと、その状況に満足し「ぶら下がり」人材が増えるリスクがあります。表面は幸せそうでも、真の意味で組織活性を上げることに直結しづらいのです。

「幸福度の追及」をするのであれば、何かを足してプラス感情を生み出すことからスタートするのではなく、組織の病巣であるマイナス感情の蓄積を解消すること、つまり**重りを取り除くことからスタートする**ことが最も効果的な施策となります。

組織と人を幸せにするために必要なこと

「無関心」と「想像力の欠如」が組織を病に追い込む

では、組織内のマイナス感情を最小化することを阻む、最大の敵はなんでしょう？

従業員意識調査ができないことでしょうか。
その結果を活用できないことでしょうか。
それとも、人事戦略を構築する人員がいないことでしょうか。

理由はさまざまあると思います。ただ、それ以上に大きな問題があります。

それは、**「無関心」と「想像力の欠如」という問題**です。
マイナス感情を最小化するためには、「ココロに関心を持つ」「マイナス感情の発生メカニズムを理解する」という大前提が必要です。

私は、これまで多くの会社でマイナス感情が蓄積している原因を分析してきましたが、その結果わかったことは、**「社員のココロに関心を持っている経営・人事・管理職が少ない会社であればあるほど、マイナス感情が蓄積している」**というシンプルな事実です。

あなたは、周囲の人たちや部下のココロに、どのような関心を払っていますか？
すでに関心を持っているのであれば、次に必要なのは、想像力を働かせることです。
人に関心を持ち、マイナス感情を生み出す課題を見つけたとしても、それを解消する施策を考える際、相手がどのような感情を持つのか「想像」できないと、的外れの施策を行ってしまい、新たなマイナス感情を生み出してしまう可能性があります。

「社員のためにこの施策をやったのに、なんで喜ばないのか？」「何をやっても社員がマイナスに捉えて困る」といった発言の元になっているのが、「想像力の欠如」です。

「無関心」と「想像力の欠如」が色濃く組織に残っている限り、離職・離脱への対策がうまくいかないのはもちろんのこと、マイナス感情の蓄積は止まらず、活性組織への道は遠ざかるばかりです。

本書全体を通して、「社員のココロに関心を持ち、想像力を働かせること」の重要性を繰り返しお伝えしてきました。

それを踏まえて、あなたの組織でマイナス感情を最小化するための第一歩を踏み出していただけたら幸いです。

特別収録：あなたの組織はどのタイプ？ 組織活性4分類

組織を4つに分類する

「あなたの組織は活性度が高いでしょうか？」と聞かれても困る人は多いのではないでしょうか。ここからは、**どんなタイプの組織であるかを簡単に見ることができる方法**をご紹介します。

個人で性格の違いがあるように、組織にも傾向があり、それによって離職・離脱、メンタル不調への対策も異なります。適材適所とよく言われていますが、同じ人でも、組織のあり方によっては大活躍することもあれば、マイナス感情を蓄積させて「心身コンディション」を最悪の状態まで低下させてしまうこともあります。過激な言い方ですが、組織が人を生かすこともあれば、殺すこともあるのです。

現在、従業員意識調査などのデータ、つまり「組織のココロ見える化」に役立つ材料が少ない場合、組織活性を向上させることは果てしない道に思えるかもしれません。だからこそ、簡易的ではありますが、組織活性4分類を用いて、あなたの組織は今、どのタイプにあるのかを見てみてください。従業員意識調査のデータで似た項目がある場合には、それを利用してください。手元にデータがない場合は、現場で感じている感覚や使えそうなデータをベースに想像で当てはめてみてください。

パラダイス・荒野・ステップ・ぶら下がり

組織活性に影響する要素を用いた2軸分析を通じて組織を理解し、対策への流れを探ってみましょう。横軸に社員の定着度、縦軸に社員の満足度をとってプロットします。

定着スコアとは「この会社に長く勤めたい」度合い。満足度は「この会社に満足している」度合いです。定着スコアについては、シンプルに実際の定着率を代替として使っていただいても構いません。満足度は数値がなければ感覚を当てはめてください。本書に掲載した4分類では、ストレスチェックや従業員意識調査のデータを採用しています。

この2軸分析の結果によって、組織は大きく4つのタイプに分けることができると当社では考えています。

タイプ❶パラダイス

定着スコアも満足度も高い組織を「パラダイス」と呼んでいます。いわゆる「良い組織」です。

組織の4分類

タイプ❷荒野

どちらも低い場合を「荒野」と呼んでいます。社員の出入りが激しく、定着しない会社がその典型です。人の確保に苦労している組織となります。

タイプ❸ステップ

定着スコアは低いのに、満足度の高い組織もあります。「ステップ」と呼んでいます。組織に対する不満はないが、自身のステップアップのために旅立っていく社員が多い会社です。

タイプ❹ぶら下がり

定着スコアは高いのに、満足度の低い組織を「ぶら下がり」と呼んでいます。かなりの割合で組織に対する「不満」や「文句」が出ているのに、ほとんどの社員が離職しない、つまりぶら下がり社員が多い会社です。

今、あなたの会社がこの4つのどの状態にあり、これからどこへ向かって行くのかを想像してみてください。会社単位だけではなく、事業部、部署ごとにも見ていきましょう。組織全体としては「パラダイス」なのに、ある部署だけ「荒野」だったり「ステップ」だったり「ぶら下がり」だったりすることも当然あります。

また「ステップ」の会社の中に、「パラダイス」の部署があることも……。

同じ部門でも、例えば「営業一課」と「営業二課」でもまったく状態が違うこともあります。定着スコアや満足度は、マネジメント、顧客との関係性などによっても大きく変化してしまうからです。とてもいい上司がいれば、仕事内容は厳しくても、定着スコアが高くなるかもしれませんし、比較的楽のできる仕事をしている部署でも、気難しい顧客を多く抱えていれば、定着スコアは低くなってしまうかもしれません。

みなさんの周辺にも「あそこでみんな辞めないのは不思議だね」とか「よさそうな仕事に見えるのに、ぜんぜん定着しないな」といったセクションがあるのではないでしょうか。

それが、今、「荒野」だから定着しないのか、「ステップ」なのかは分析して見極めていく必要があります。消極的離職が多いのか、それとも積極的離職が多いのかでは、大きな違いがあります。

そして「楽しそうで誰も辞めない、とってもいいところ」と思われている部門も「パラダイス」なのか、または「ぶら下がり」になりかかっているのかを、見極めが必要です。

これまで「荒野」だった組織に、すばらしい上司が現れたことで「ステップ」へと変化したり、「パラダイス」へ向かうこともあります。その上司が突然、離職してしまい、「パラダイス」になりかけていた組織が「荒野」化を経て「ぶら下がり」になってしまうということもあります。

今、みなさんの組織がどこに位置し、どこへ向かっているかを明らかにしていけば、離職やメンタル不調への的確な対策を取ることができます。

組織活性が失われていくプロセス

どのような組織でも、最初から「荒野」だったり「ぶら下がり」ということはありません。最初は、「パラダイス」か「ステップ」の状態にあります。

組織活性が失われているプロセス

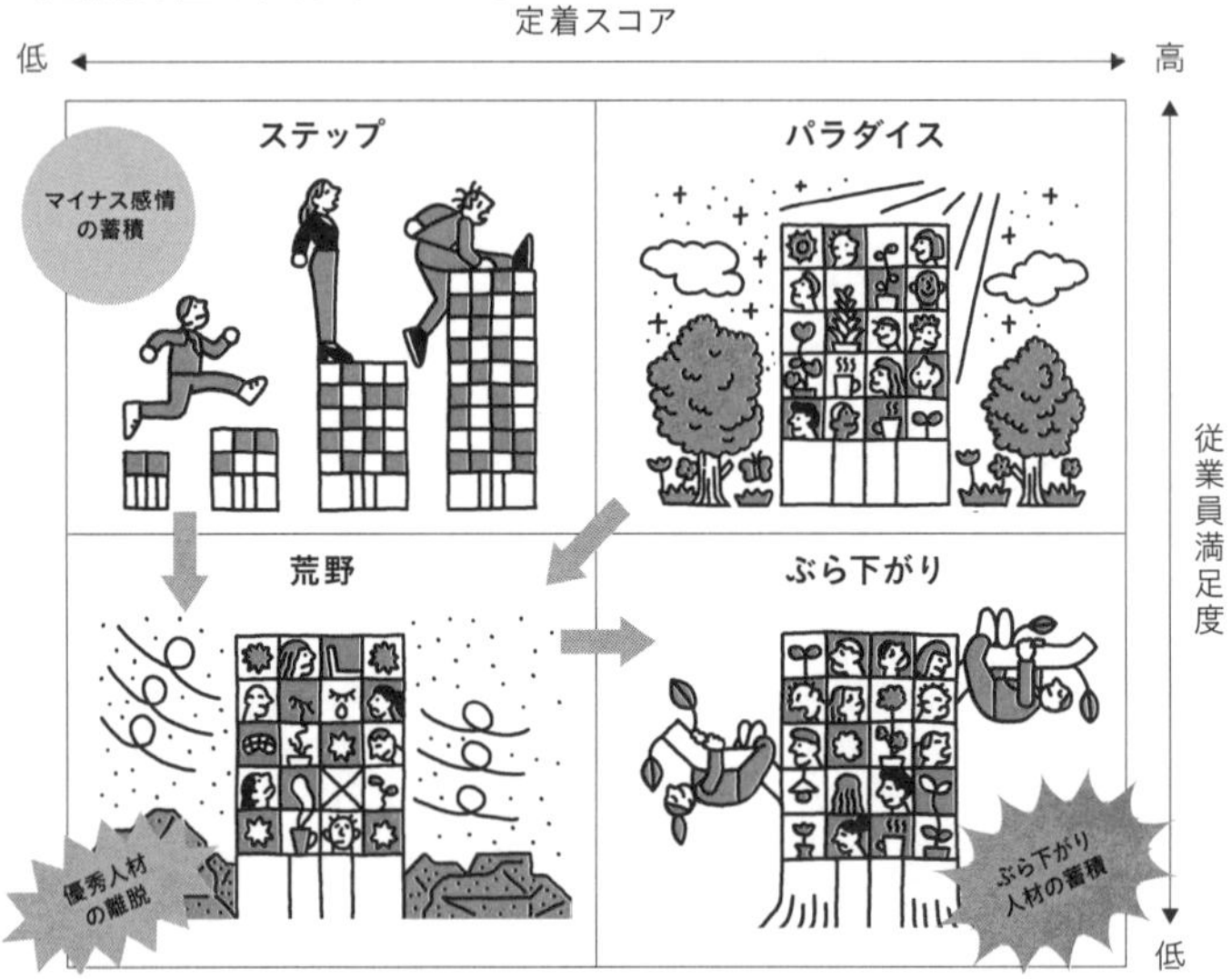

マイナス感情が蓄積していくと、まずは「荒野」になっていきます。そこでは優秀人材やハイポテンシャル人材の離脱が起こります。これまで組織を支えてくれた人たちが消えてしまいます。

その後、優秀人材やハイポテンシャル人材以外の人たちは、引き抜きもなければ転職も容易ではなく、仕方がなく残ります。結果として定着スコアが上昇していきます。「荒野」から「ぶら下がり」への移行がはじまります。

私は、組織にとって最悪の状態は「荒野」ではなく、「ぶら下がり」と考えています。「パラダイス」からいきなり「ぶら下がり」に落ちるケースはあまりなく、

「荒野」を経て「ぶら下がり」となる、いわば「なれの果て」状態なのです。

「ぶら下がり」状態に今あるとすると、組織の活性を取り戻すことは、かなり大変な作業となります。「荒野」からスタートしたほうがまだ希望が持てます。

パレートの法則の盲点

組織が「荒野」から「ぶら下がり」になってしまうプロセスを見ていきましょう。

いわゆる「2－6－2」の法則、つまりパレートの法則は、組織などをざっくり考えるときにとても便利です。組織は、ざっくりと上位2割の優秀な人たちがいて、6割の平均的な人たち、下位2割のぶら下がりで成り立っているとされているのがこの法則です。

「荒野」となっていく組織では、優秀な人から離職するので、この上位2割が減っていきます。

すると、相対的な順位が繰り上がって、6割だった人の一部が、上位2割に入っていくことになります。ですが、これは先に抜けた2割の中にいた人の優秀さとは単純比較できません。そもそも6割にいた人なので、ポテンシャルはあるかもしれませんが、上が抜けたからと、急激に優秀さが増すわけではありません。時間や経験が必要です。

組織の「地盤沈下」に要注意

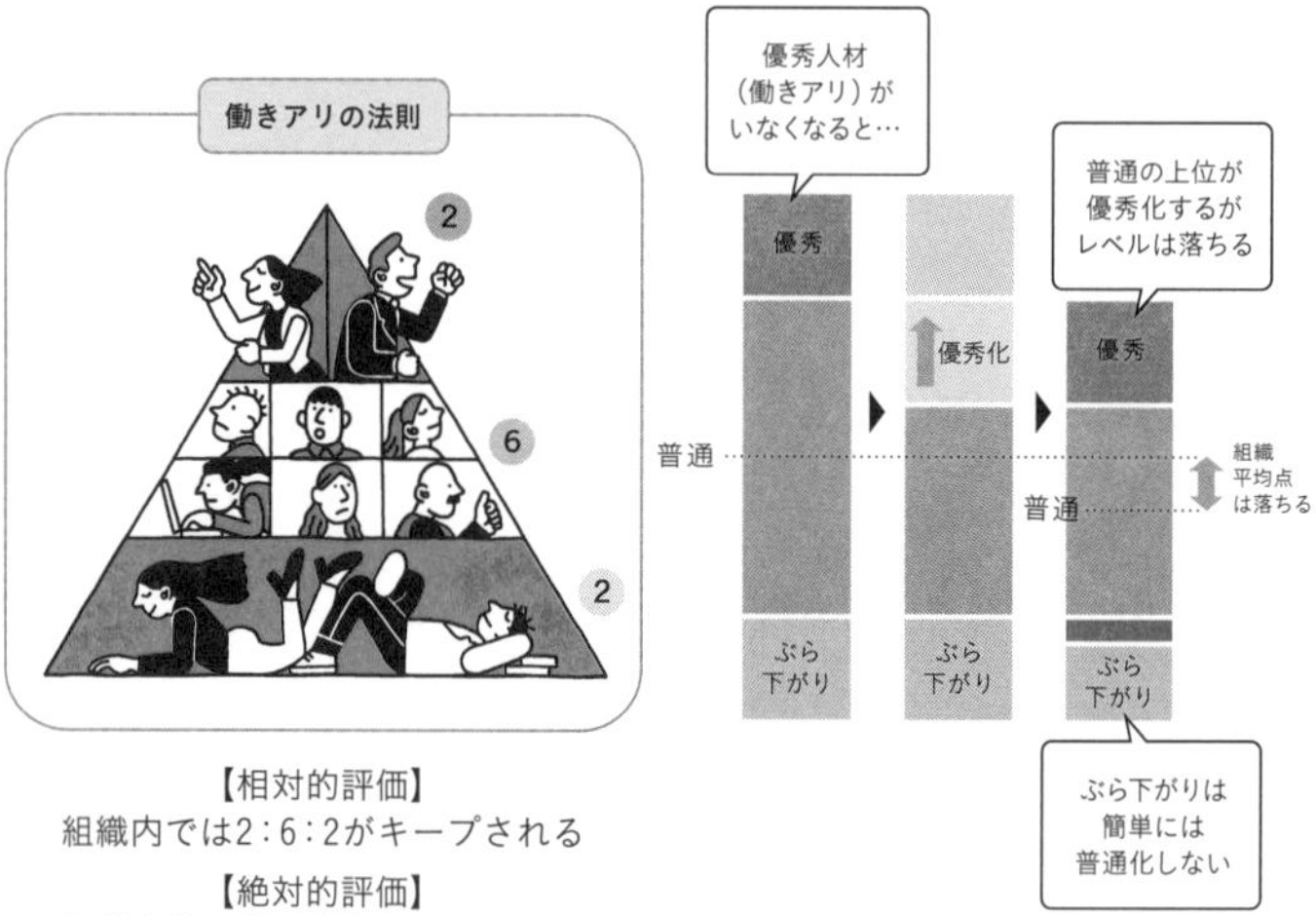
働きアリの法則
2
6
2
優秀人材
（働きアリ）が
いなくなると…
優秀
普通
ぶら
下がり
優秀化
普通の上位が
優秀化するが
レベルは落ちる
優秀
普通
組織
平均点
は落ちる
ぶら
下がり
ぶら下がりは
簡単には
普通化しない

【相対的評価】
組織内では2:6:2がキープされる
【絶対的評価】
組織全体の力が地盤沈下を起こす

「パラダイス」だった頃の「優秀さ」に比べると、「荒野」での「優秀さ」は見劣りするに違いありません。つまり平均的なパワーは落ちているのです。優秀な人たちが揃っていたときは100点だったとすれば、80点に落ちているかもしれません。

組織内で見て相対的には上位が抜けても2－6－2は変わらない。でも以前の2－6－2より能力は低下する結果となります。

組織活性を改善するプロセス

「なれの果て」である「ぶら下がり」となってしまったら、会社・組織はどうすれば、再び活性化できるのでしょうか。

いきなりパラダイスに行けるのかと言えば、それは難しいです。「ぶら下がり」の領域に落ちた組織はぶら下がり人材の比率が高く、健全な生産性をもたらす組織にするためには、組織構成を変える必要があります。

第一段階では、「荒野」に戻すこと。ぶら下がりづらい環境にします。このプロセスを思い切って実施できるか。そこが岐路となります。

私の知っている会社では、1年で「荒野」に戻し、2年目では「ステップ」を目指しています。その間に、人員は大きく変化し、社内の雰囲気、文化ともに見違えるように活性を取り戻しました。

このときに手をつけるのは評価基準からとなります。明確な評価基準を作ることで、社員に対しても「これまでとは違う環境になるので、変わってほしい」というメッセージを伝えることができます。会社に貢献している人を評価し、そうではない人は評価を下げる、など人事考課として、評価をしっかり行うことで、ぶら下がりをし続けたい人にとっては「働きやすさ」が低下し、消極的離職が発生し、「ぶら下がり」から「荒野」へ戻すことが可能となります。当該部署の管理職には「荒野」にして組織活性を回復させようとしてい

組織活性の改善プロセス

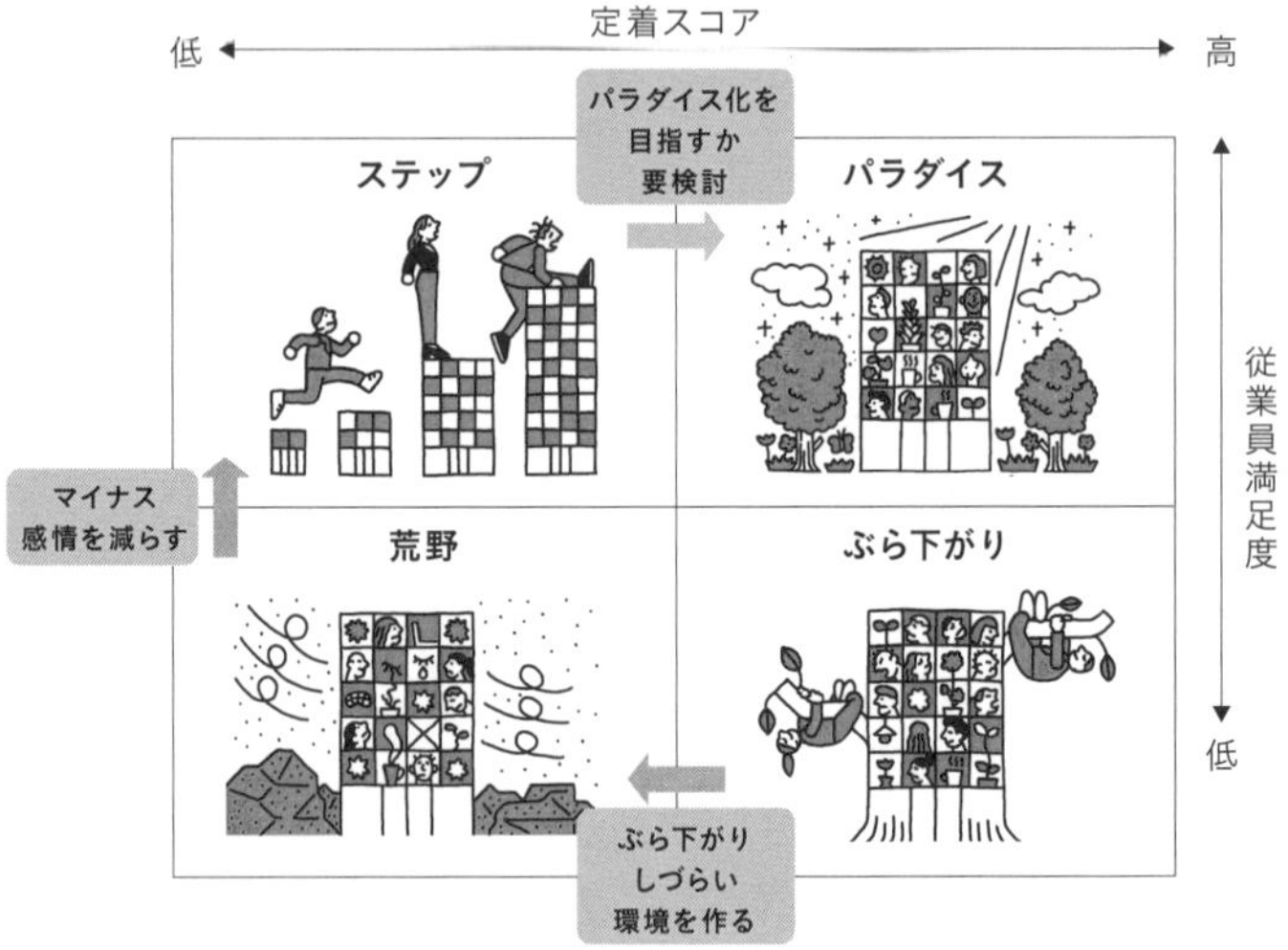

ることを十分に伝えておき、不安を取り除いておくことも大切です。

「荒野」になった組織では、マイナス感情が蓄積している要因を特定・解決することで「ステップ」へと移行させていきます。

この段階で「働きやすさ」への取り組みを行うことになりますが、それは上司と部下のコミュニケーションを円滑にするための施策や、業務上のムダをなくしていくことを第一にすることをおすすめします。時短やリモートワークなどの制度の導入によって「ぶら下がり」に戻ってしまった事例があるため、過度の「働きやすさ」の追求は要注意です。

「ステップ」に辿り着けば、すでに「ぶら下がり」からは見違えるほど、組織は活性化しているはずです。優秀人材、ハイポテンシャル人材がはっきりと活躍してきているのですが、それでも積極的離職はなくならないでしょう。

さて、次に目指すべきは、「パラダイス」となるのでしょうか。

ステップからパラダイスにすべきか？

パラダイスは多くの社員がこのままその会社で働き続けたいと思う、いわゆる「良い会社」です。終身雇用のお手本のようで、満足度も高く、誰が見ても「超一流」に見えることでしょう。

ですが、今の時代、すべての会社がパラダイスを目指すべきでしょうか。

「ステップ」にいる会社は、いつでも「パラダイス」を目指すことができます。それでも、あえて「ステップ」のまま留まる選択もあります。

私は、むしろ今の時代は、「ステップ」の中での一流を目指す、**『ステップを極める』**べきだと考えています。

あえてステップに留めておくことで、成功している例があります。

リクルートは、ステップを極めた会社でしょう。OBたちはリクルート出身であることを誇らしく語っています。その影響で、新たな優秀な人材がリクルートに入社したいと考えます。

名著の声も多い『心理学的経営』（大沢武志著）にもありますが、この本では組織の小集団単位で目標を持たせ、社内を「カオス」に置くことで高い活性を生み出すとしています。著者は、リクルートで1980年代に、人事教育事業、管理部門全般を担当し、1983年には社内に「組織活性化研究所」を設立したことで知られています（現・株式会社リクルートマネジメントソリューションズ）。このようにそもそもの活動の歴史として「活性」に重点を置いてきた会社です。

このようなタイプの会社では、ハイポテンシャル人材が次々と育ちます。優秀人材が抜けていきながら、ハイポテンシャル人材の層が厚いため、その席をハイポテンシャル人材がすぐに埋めていきます。このような循環を完成させ、「働きがい」をキープするための施策を打ち出し続けていることが特徴です。

ステップであることを採用時からきちんと説明し、若い間に活躍できる場を設け、そのための教育もし、若さがなくなる前に次の人生へ向けた設計ができるようにする制度を設けるなど、ステップであり続けるための工夫がされています。このステップの利点はいろいろありますが、終身雇用に限界があると言われる中、「雇用類似の働き方」として個人事業主化が進む可能性がある、そんなこれからの時代に適したスタイルではないでしょうか。

もちろん、ステップのタイプの会社でも、部署によってはパラダイスであっても不思議ではありません。

一方、パラダイスを目指したほうがいい会社としては、製造業、飲食業、銀行など、品質管理やコンプライアンス重視の分野や、建設業、小売業などの人員確保が難しい分野となります。こうした業種では、もしステップのままでいると人の確保が困難になり事業が立ち行かなくなる可能性もありますし、重大な事故や事件につながる可能性も出てきます。

こうした性質のある事業部、部署も、パラダイスを目指すべきです。人事部、ブランドマネジメント、製造部、品質管理、経営企画など、長期にわたって一貫性を求められる業務は、パラダイスを目指すことで、優秀な人材を確保しやすく長期的に安定します。

一方、営業やマーケティングのような時代に応じて変化が求められる部門は、ステップを選択することもあり得るのです。

外部要因でも積極的離職は起きる

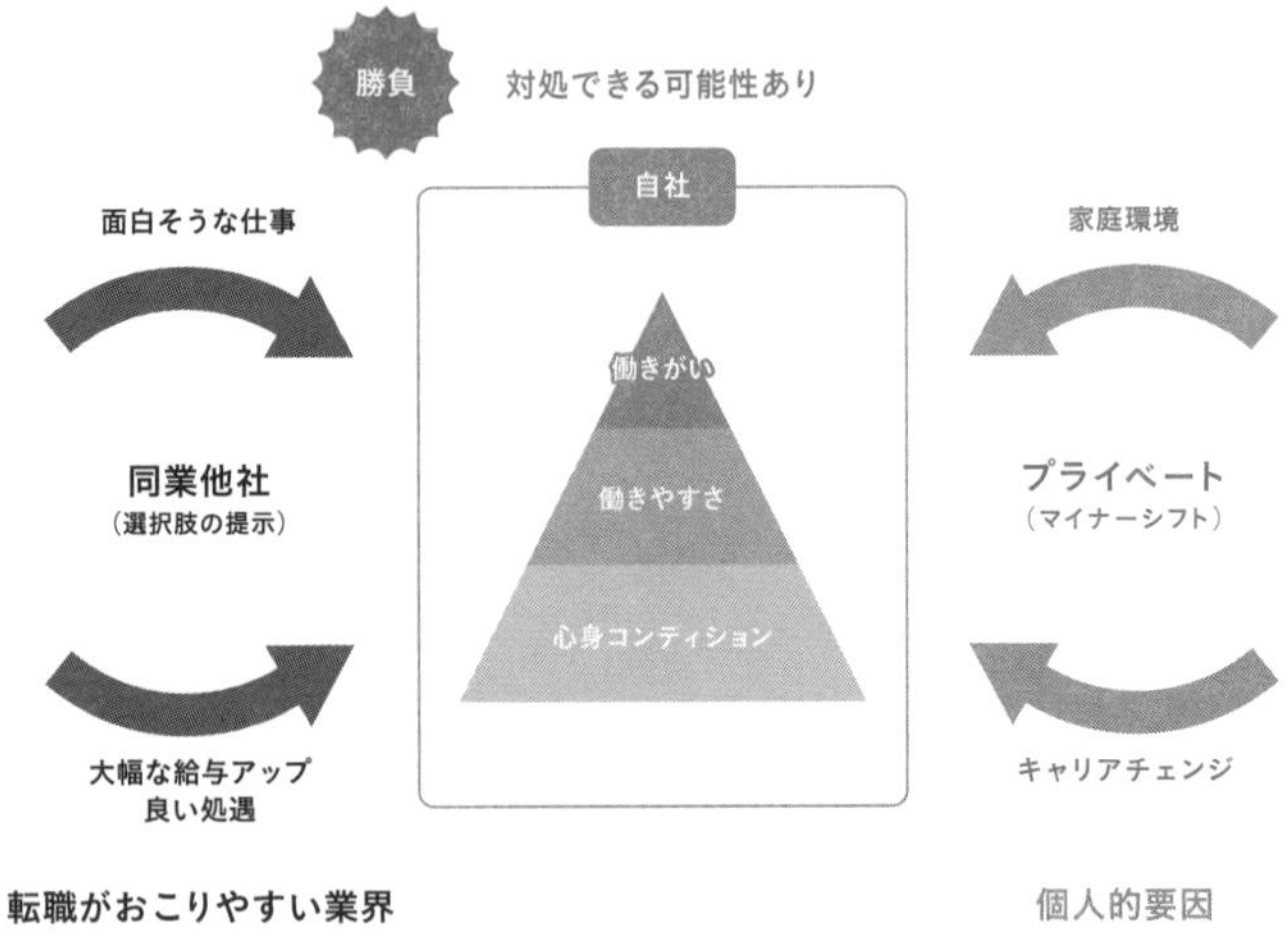

ただ、ステップを目指すと言っても、「働きがい」が少なく積極的離職が起こりやすい職場を作ろう、ということではありません。

積極的離職は自社要因だけでなく、外部要因でも起きるということは忘れてはなりません。

最近10年ほどで転職への精神的ハードルが一気に下がっています。同業他社が面白そうなプロジェクトを提示したり、より良い待遇を提示してくるといった引き抜きケースだけでなく、自身のキャリアプランの変更でも積極的離職は起こります。

社内に悪いことがなかったとしても積

極的離職が起こりやすい環境になっている、ということを認識したうえで、自社で対処ができる「組織活性」の3要素をバランスよく高めることに集中していくことがカギとなります。

ステップを極めるための戦略

ステップを極めるための全社的アプローチとして、在職中は組織活性3要素を上げていくことが大切です。そのためには全社に広くアプローチを行うのではなく、第4章で紹介した「離職最適化戦略」のように、ハイポテンシャル人材や立ち上がり人材に効果的な施策から始めることが重要です。

それでも積極的離職は発生しますので、卒業後はアルムナイ（卒業生）制度などで卒業者との絆をつなげていけるような施策を行うことも有用です。自社の評判を卒業生が外部から上げてくれ新規採用がうまくいったり、卒業生自身を出戻りで再雇用したり、と人的資源を広く確保することが可能となります。卒業生が自社にとってプラスとなるようなビジネス機会を外部から提供してくれることも、十分に想定されます。

これからの時代、多くの会社が離職の多さから「荒野」化することが予想されます。その中で生き残る会社であるためには、同じ離職でも自社にマイナス感情を溜めることなく**「卒業しても自社のことを好きでいてもらう」**ことがとても大切になります。不満を抱えて何となく定着する人材を抱えるよりも、組織活性の観点から、間違いなくポジティブな施策となります。

終章のまとめ

◉組織課題を解剖し、マイナス感情の蓄積で生じた『病巣』を丁寧に取り除くことで、個人活性・組織活性を高く保つことができ、社員が活き活きと働く環境を実現できる。

◉多くの企業が「社員を幸福にする施策」が必要だと考えるのは、当然の流れといえる。しかし、幸福を追求したからといって、離職や欠勤、モチベーション低下などの問題は改善しない。現時点でマイナス感情が蓄積している状態で「幸福の追求」を始めても、現実とのギャップが大きすぎ、社員はかえってしらけてしまうため。

◉何かを足してプラスの感情を生み出そうとするのではなく、まずマイナス感情の蓄積を解消すること、重りを取り除くことからスタートすることが、最も効果的な施策。

◉組織内のマイナス感情を最小化することを阻むのは、「無関心」と「想像力の欠如」。社員のココロに関心を持っている経営・人事・管理職が少ない会社であればあるほど、マイナス感情が蓄積しており、組織活性への道は遠ざかっていく。

おわりに

医療だけでなく、心理学や経営学を組み合わせることにより、活き活きと働くことができる職場の実現に向けた今までにない価値の提示ができるのではないだろうか？

そんな想いをもとに、「会社の中のココロを取り扱うプロフェッショナルファーム」を目指し、産業医サービスを主として提供する株式会社エリクシアを設立してから11年が経過しました。今では、メンタル不調を取り扱う産業医としての活動だけでなく、離職や問題行動など、いわゆる『ヒトの問題』の解決支援をすることにもこだわりを持った活動の中で、幸いなことに、多くの顧客企業や仲間とのご縁に恵まれました。

その活動で得られる貴重な学びをなんらかの形にして社会に還元したいと願っていましたが、その機会を今回、クロスメディア・パブリッシング代表の小早川幸一郎さんに与えていただいたこと、深く感謝しております。

本書の企画および編集を担当いただいた戸床奈津美さん、長時間のインタビューを書き起こし最初の土台となる原稿を作っていただいた舛本哲郎さん、私の考えを正確かつ伝わりやすい文章や構成に整えてくれたエリクシアの内村美貴さん、みなさんのおかげで本という形にすることができました。心から感謝しています。ありがとうございました。

また、顧客企業の人事担当者、経営者、管理職、従業員の方々との本音のやり取りを通じて理論を日々深めることができており、大変感謝しております。

そして、日ごろ一緒に活動をしてくれているエリクシアの仲間や家族の支えがあってこそ、今の自分が存在しています。本当にありがとう。これからもよろしくお願いします。

多くの会社が抱える悩みである「離職」「メンタル不調」そして「ぶら下がり」。

私が望むのは、会社成長の足枷となっている『ヒトの問題』が解消され、前向きな人事施策に取り組む段階に進む会社が増えること。

この本がその一助となることを願っています。

上村　紀夫

【著者略歴】
上村紀夫（うえむら・のりお）
株式会社エリクシア代表取締役・医師・産業医・経営学修士(MBA)。1976年兵庫県生まれ。名古屋市立大学医学部卒業後、病院勤務を経て、2008年ロンドン大学ロンドンビジネススクールにてMBAを取得。戦略系コンサルティングファームを経て、2009年「医療･心理･経営の要素を用いた『ココロを扱うコンサルティングファーム』」として株式会社エリクシアを設立。これまで30000件以上の産業医面談で得られた従業員の声、年間1000以上の組織への従業員サーベイで得られる定量データ、コンサルティング先の経営者や人事担当者の支援・交流で得られた情報をもとに、「個人と組織のココロの見える化」に取り組む。心理的アプローチによる労使トラブル解決やメンタルヘルス対策の構築、離職対策のコンサルティング、研修、講演などを行う。

「辞《や》める人《ひと》・ぶら下《さ》がる人《ひと》・潰《つぶ》れる人《ひと》」
さて、どうする？

2020年 3月21日 初版発行
2023年 3月25日 第10刷発行

発行 **株式会社クロスメディア・パブリッシング**
発行者 小早川幸一郎
〒151-0051 東京都渋谷区千駄ヶ谷4-20-3 東栄神宮外苑ビル
http://www.cm-publishing.co.jp
■本の内容に関するお問い合わせ先 …………………… TEL (03)5413-3140／FAX (03)5413-3141

発売 **株式会社インプレス**
〒101-0051 東京都千代田区神田神保町一丁目105番地
■乱丁本・落丁本などのお問い合わせ先 …………………… FAX (03)6837-5023
service@impress.co.jp
※古書店で購入されたものについてはお取り替えできません

ブックデザイン 金澤浩二（cmD）
DTP 荒好見（cmD）
印刷・製本 中央精版印刷株式会社

カバー・本文イラスト 海道建太
編集協力 舛本哲郎・内村美貴
ISBN 978-4-295-40395-1 C2034